Marjane Sat~~rapi~~

Persépolis

2a ed.

4

NORMA
Editorial

PERSÉPOLIS 4
Título original: "Persepolis 4", de Marjane Satrapi
Primera edición: marzo 2004
© L'Association. All rights reserved
Published by arrangement with L'Association
© 2004 NORMA Editorial por la edición en castellano
Passeig de Sant Joan, 7, pral. 08010 Barcelona
Tel.: 93 303 68 20 – Fax: 93 303 68 31
E-mail: norma@normaeditorial.com
Traducción: Albert Agut. Rotulación: Estudio Fénix
Depósito legal: B-105-2004. ISBN: 84-8431-936-9
Printed in the EU.

EL RETORNO

DESPUÉS DE CUATRO AÑOS VIVIENDO EN VIENA, HEME AQUÍ DE VUELTA A TEHERÁN. EN CUANTO LLEGUÉ AL AEROPUERTO DE MEHRABAD Y VI AL PRIMER ADUANERO, SENTÍ INMEDIATAMENTE EL AIRE REPRESIVO DE MI PAÍS.

¿LLEVAS ALGO PROHIBIDO? REVISTAS DE MODA, CASE-TES, ALCOHOL, CERDO...

¡NO, SEÑOR!

¡PONTE BIEN EL VELO, HERMANA!

SÍ, HERMANO.

¡SIGUIENTE! ¡VENGA, MÁS RÁPIDO!

HERMANO Y HERMANA SON LOS TÉRMINOS QUE USAN LOS REPRESENTANTES DE LA LEY PARA DAR ÓRDENES A LA GENTE SIN OFENDERLES.

ERA UN CAOS. A CADA PASAJERO LE ESPERABAN UNAS DIEZ PERSONAS. DE GOLPE, EN MEDIO DE TANTA GENTE, DISTINGUÍ A MIS PADRES...

...PERO NO FUE RECÍPROCO. ¿QUÉ TIENE DE RARO? SE CAMBIA MÁS ENTRE LOS TRECE Y LOS DIECIOCHO QUE ENTRE LOS TREINTA Y LOS CUARENTA.

¡PAPÁ!

¡EB!! ¡¡MIRA!! ¡ES MARJI!

¿MARJ...?

¡QUERIDA, HIJA MÍA, AYY! ¡NO TE HABÍA RECONOCIDO!

SABÍA QUE HABÍA CRECIDO, PERO SÓLO ME DI CUENTA DE VERDAD CUANDO ESTABA ENTRE LOS BRAZOS DE MI PADRE. ÉL, QUE SIEMPRE ME HABÍA PARECIDO TAN IMPONENTE, ERA CASI DE MI ALTURA.

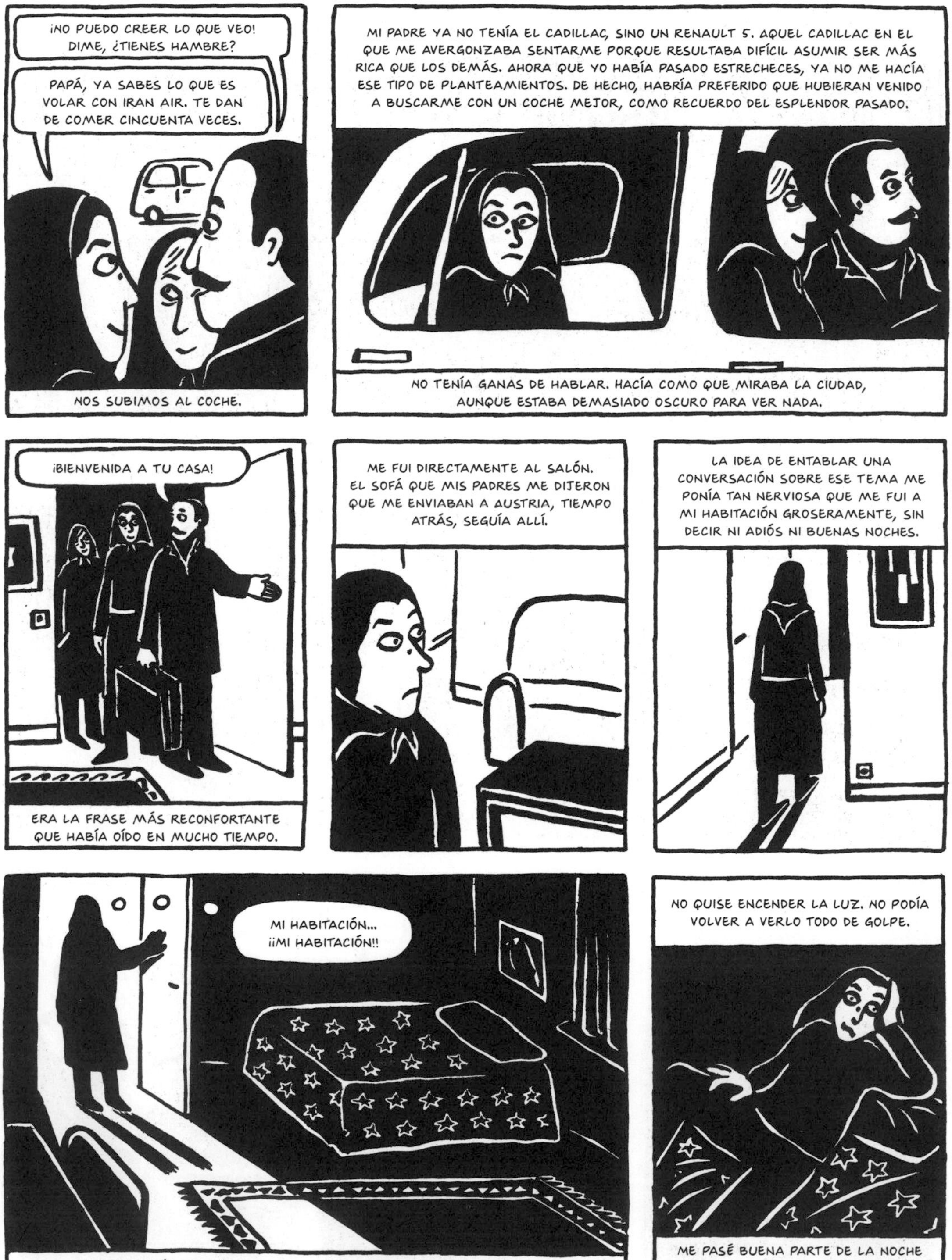
¡NO PUEDO CREER LO QUE VEO! DIME, ¿TIENES HAMBRE?
PAPÁ, YA SABES LO QUE ES VOLAR CON IRAN AIR. TE DAN DE COMER CINCUENTA VECES.
NOS SUBIMOS AL COCHE.
MI PADRE YA NO TENÍA EL CADILLAC, SINO UN RENAULT 5. AQUEL CADILLAC EN EL QUE ME AVERGONZABA SENTARME PORQUE RESULTABA DIFÍCIL ASUMIR SER MÁS RICA QUE LOS DEMÁS. AHORA QUE YO HABÍA PASADO ESTRECHECES, YA NO ME HACÍA ESE TIPO DE PLANTEAMIENTOS. DE HECHO, HABRÍA PREFERIDO QUE HUBIERAN VENIDO A BUSCARME CON UN COCHE MEJOR, COMO RECUERDO DEL ESPLENDOR PASADO.
NO TENÍA GANAS DE HABLAR. HACÍA COMO QUE MIRABA LA CIUDAD, AUNQUE ESTABA DEMASIADO OSCURO PARA VER NADA.
¡BIENVENIDA A TU CASA!
ERA LA FRASE MÁS RECONFORTANTE QUE HABÍA OÍDO EN MUCHO TIEMPO.
ME FUI DIRECTAMENTE AL SALÓN. EL SOFÁ QUE MIS PADRES ME DIJERON QUE ME ENVIABAN A AUSTRIA, TIEMPO ATRÁS, SEGUÍA ALLÍ.
LA IDEA DE ENTABLAR UNA CONVERSACIÓN SOBRE ESE TEMA ME PONÍA TAN NERVIOSA QUE ME FUI A MI HABITACIÓN GROSERAMENTE, SIN DECIR NI ADIÓS NI BUENAS NOCHES.
MI HABITACIÓN... ¡¡MI HABITACIÓN!!
POR FIN PODÍA DISFRUTAR DE UN SITIO PROPIO Y ESO ME TRANQUILIZÓ.
NO QUISE ENCENDER LA LUZ. NO PODÍA VOLVER A VERLO TODO DE GOLPE.
ME PASÉ BUENA PARTE DE LA NOCHE EN VELA, CONTENTA DE ESTAR ALLÍ.

Y A LA MAÑANA SIGUIENTE.

¡SÍ! ¡HA NEVADO!

EN VIENA, ODIABA LA NIEVE. SOBRE TODO CUANDO ME ENCONTRABA EN LA CALLE. LA NIEVE SE APRECIA MUCHO MÁS CUANDO LA MIRAS DESDE LA VENTANA DE UNA HABITACIÓN CALENTITA.

LE DI UN REPASO A MIS COSAS.

ANTES DE DEJAR IRÁN, VENERABA A LOS PUNKS HASTA EL PUNTO DE DIBUJAR UNO EN MI PARED.

¡PFFF! ¡QUÉ MIERDA!

DESPUÉS, HICE UN RECUENTO DE MIS PROPIEDADES. TENÍA UN ARMARIO VACÍO...

...UN ESCRITORIO DEMASIADO PEQUEÑO...

...UNA CAMA, UNA ALFOMBRA Y UN RADIOCASETE.

UN POCO DE KIM WILDE ME SENTARÁ BIEN.

MIRÉ EN EL CAJÓN DONDE GUARDABA MIS CASETES.

NO ENCONTRÉ NI UNO.

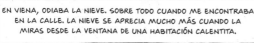

ASÍ QUE FUI A VER A MI MADRE. SEGURO QUE SABÍA DÓNDE ESTABAN. QUIZÁ LOS ESCUCHABA PARA ACORDARSE DE MÍ.

¡BUENOS DÍAS, MAMÁ!

¡BUENOS DÍAS! ¡YA ESTÁS VESTIDA!

¿QUIERES UN TÉ? ¿UNA TORTILLA, PASTELITOS...?

NO TENGO HAMBRE. CON UN TÉ BASTARÁ.

¿TE ACUERDAS DEL ASQUEROSO TÉ DE FRAU DOCTORA KELLER?

¡SE LLAMABA HELLER! ¡DESDE LUEGO! ¿CÓMO QUIERES QUE ME OLVIDE DE AQUEL PIPÍ DE CABALLO?

¡AH, QUÉ BUENO ES EL TÉ IRANÍ!

SÍ, SOBRE TODO CON UN CIGARRILLO. ¿QUIERES?

¡¡MAMÁ!!

¿QUÉ PASA? YA SABES EL PROVERBIO: "LA FELICIDAD SE COMPONE DE DOS COSAS: UN TÉ DESPUÉS DE COMER, ¡Y UN CIGARRILLO DESPUÉS DEL TÉ!"

ERA LA PRIMERA VEZ QUE MI MADRE ME HABLABA EN ESE TONO: A SUS OJOS, YA ERA UNA ADULTA.

MAMÁ, NO ENCUENTRO MIS CASETES. ¡LOS HE BUSCADO POR TODAS PARTES! ¿SABES DÓNDE ESTÁN?

ESTO... COMO CREÍA QUE NO... QUE NO VOLVERÍAS, SE LOS DI A... SE LOS DI A HOMA.

HOMA ERA LA HIJA DE UNA DE SUS AMIGAS. TENÍA UNOS CINCO AÑOS MENOS QUE YO. ¡UNA NIÑA!

MAMÁ, EN DEFINITIVA, HABÍA HECHO LO CORRECTO. DE TODAS FORMAS, YA NO ME GUSTABAN MIS ÍDOLOS DE ADOLESCENCIA.

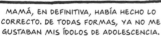

¡TIENES RAZÓN! ¡VOY A COMPRAR UNOS NUEVOS!

¿ME DAS UNA ESPONJA?

¿UNA ESPONJA? ¡CLARO, CARIÑO!

DECIDÍ TOMARME ESE PEQUEÑO FIASCO COMO UNA SEÑAL: HABÍA QUE ROMPER CON EL PASADO...

...Y MIRAR HACIA EL FUTURO.

UNAS HORAS MÁS TARDE.

¡AH, POUNEH! ¿CÓMO ESTÁS? MARJI ESTÁ...

¡NO! ¡DILE QUE HE SALIDO!

¡HA SALIDO! ¡YA TE LLAMARÁ!

¿QUIÉN LE HA DICHO QUE ESTOY AQUÍ?

BUENO, YO, AL FIN Y AL CABO, ES TU MEJOR AMIGA.

TE LO RUEGO, NO LE DIGAS A NADIE QUE HE VUELTO. ¡NO TENGO GANAS DE VER A NADIE!

BUENO, VOLVERÉ DENTRO DE DOS O TRES HORAS.

¡NO OLVIDES EL PAÑUELO!

¡MIERDA! ¡TENDRÉ QUE VOLVER A ACOSTUMBRARME!

NO SÓLO TENÍA QUE VOLVER A ACOSTUMBRARME AL VELO, TAMBIÉN ESTABA EL DECORADO: LA PRESENTACIÓN DE LOS MÁRTIRES EN MURALES DE VEINTE METROS ADORNADOS CON ESLÓGANES EN SU HONOR, COMO "EL MÁRTIR ES EL CORAZÓN DE LA HISTORIA" O "ESPERO SER UN MÁRTIR" O INCLUSO "EL MÁRTIR VIVE ETERNAMENTE".

DESPUÉS DE CUATRO AÑOS EN AUSTRIA VIENDO EN LAS PAREDES COSAS COMO "LAS MEJORES SALCHICHAS A VEINTE SCHILLINGS", EL CAMINO HACIA LA READAPTACIÓN ME PARECÍA MUY LARGO.

TAMBIÉN ESTABAN LAS CALLES...

...MUCHAS HABÍAN CAMBIADO DE NOMBRE. AHORA SE LLAMABAN AVENIDA DEL MÁRTIR FULANO O CALLE DEL MÁRTIR MENGANO.

ERA MUY DESESTABILIZADOR.

TENÍA LA IMPRESIÓN DE ANDAR POR UN CEMENTERIO...

...RODEADA DE VÍCTIMAS DE UNA GUERRA DE LA QUE HABÍA HUIDO.

ERA INSOPORTABLE. VOLVÍ APRESURADAMENTE A CASA.

ESA NOCHE.

¡HOLA! ¡YA ESTOY AQUÍ!

¿SIEMPRE VUELVES TAN TARDE?

PUES SÍ, AHORA TENGO MUCHO TRABAJO.

CUANDO SE ACABÓ LA GUERRA, MI PADRE, INGENIERO, NO SABÍA POR DÓNDE EMPEZAR.

AHORA HAY QUE RECONSTRUIRLO TODO.

HASTA QUE LA PRÓXIMA GUERRA VUELVA A DESTRUIRLO TODO.

¿QUÉ PRÓXIMA GUERRA?

HAY QUE SER REALISTA. DESDE HACE UN SIGLO NUESTRA REGIÓN HA SIDO INESTABLE. UN DÍA NACIONALIZAN EL PETRÓLEO, Y AL OTRO PONEN UN DICTADOR...

...LA GUERRA DE LOS SEIS DÍAS, Y DESPUÉS LE TOCA A AFGANISTÁN Y LA VUELTA DEL CONFLICTO ENTRE ISRAELÍES Y PALESTINOS... VEREMOS QUÉ SERÁ LO SIGUIENTE.

NUNCA ME HABRÍA ESPERADO UN DISCURSO TAN DERROTISTA DE MI MADRE.

SE HIZO EL SILENCIO. HASTA MAMÁ ESTABA INCÓMODA.

POR SUERTE, INTERVINO MI PADRE.

¿HAS DORMIDO BIEN? ¿HAS VISTO CÓMO HA NEVADO? HE TENIDO QUE PONER CADENAS EN LAS RUEDAS PARA CIRCULAR. ¡INCREÍBLE! ¡CUARENTA CENTÍMETROS DE NIEVE!

LO SÉ, ES GENIAL.

¿HAS PASEADO UN POCO? ¿CÓMO HAS VISTO TEHERÁN?

SÓRDIDO.

ESTOY ATÓNITA. UNA CALLE DE CADA TRES LLEVA EL NOMBRE DE UN MÁRTIR.

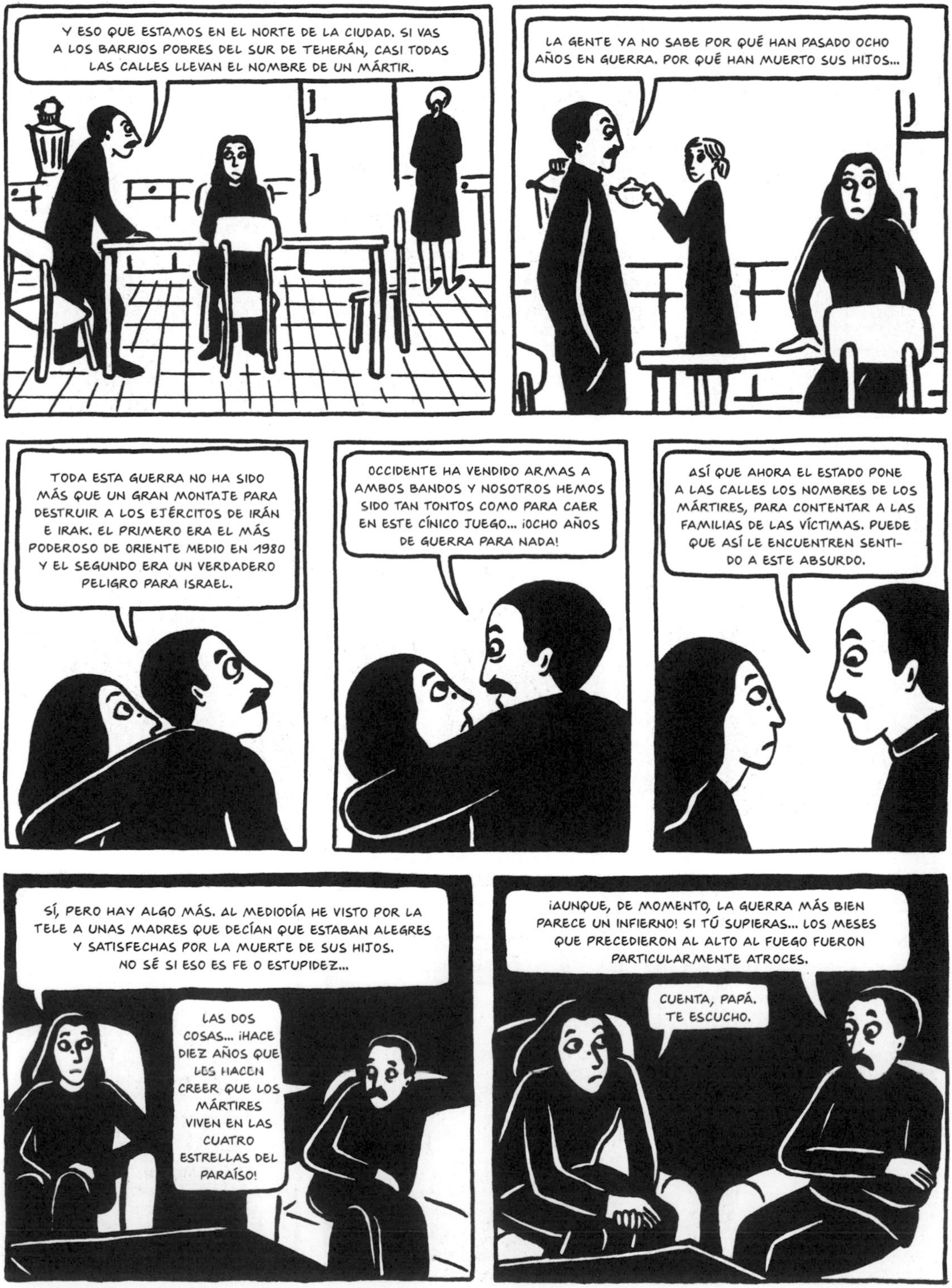
Y ESO QUE ESTAMOS EN EL NORTE DE LA CIUDAD. SI VAS A LOS BARRIOS POBRES DEL SUR DE TEHERÁN, CASI TODAS LAS CALLES LLEVAN EL NOMBRE DE UN MÁRTIR.
LA GENTE YA NO SABE POR QUÉ HAN PASADO OCHO AÑOS EN GUERRA. POR QUÉ HAN MUERTO SUS HIJOS...
TODA ESTA GUERRA NO HA SIDO MÁS QUE UN GRAN MONTAJE PARA DESTRUIR A LOS EJÉRCITOS DE IRÁN E IRAK. EL PRIMERO ERA EL MÁS PODEROSO DE ORIENTE MEDIO EN 1980 Y EL SEGUNDO ERA UN VERDADERO PELIGRO PARA ISRAEL.
OCCIDENTE HA VENDIDO ARMAS A AMBOS BANDOS Y NOSOTROS HEMOS SIDO TAN TONTOS COMO PARA CAER EN ESTE CÍNICO JUEGO... ¡OCHO AÑOS DE GUERRA PARA NADA!
ASÍ QUE AHORA EL ESTADO PONE A LAS CALLES LOS NOMBRES DE LOS MÁRTIRES, PARA CONTENTAR A LAS FAMILIAS DE LAS VÍCTIMAS. PUEDE QUE ASÍ LE ENCUENTREN SENTIDO A ESTE ABSURDO.
SÍ, PERO HAY ALGO MÁS. AL MEDIODÍA HE VISTO POR LA TELE A UNAS MADRES QUE DECÍAN QUE ESTABAN ALEGRES Y SATISFECHAS POR LA MUERTE DE SUS HIJOS. NO SÉ SI ESO ES FE O ESTUPIDEZ...
LAS DOS COSAS... ¡HACE DIEZ AÑOS QUE LES HACEN CREER QUE LOS MÁRTIRES VIVEN EN LAS CUATRO ESTRELLAS DEL PARAÍSO!
¡AUNQUE, DE MOMENTO, LA GUERRA MÁS BIEN PARECE UN INFIERNO! SI TÚ SUPIERAS... LOS MESES QUE PRECEDIERON AL ALTO AL FUEGO FUERON PARTICULARMENTE ATROCES.
CUENTA, PAPÁ. TE ESCUCHO.

UN MES ANTES DEL ARMISTICIO, IRAK EMPEZÓ A BOMBARDEAR TEHERÁN A DIARIO, COMO SI QUISIERA DESTRUIR LO MÁXIMO POSIBLE ANTES DE ACABAR...

...AÚN NO HABÍAN ANUNCIADO LA PAZ Y LOS GRUPOS ARMADOS OPUESTOS AL RÉGIMEN ISLÁMICO, LOS MUYAHIDIN* IRANÍES, ESTABAN ENTRANDO EN EL PAÍS POR LA FRONTERA IRAQUÍ CON EL APOYO DE SADDAM HUSSEIN PARA LIBERAR IRÁN DE LOS DIRIGENTES INTEGRISTAS.

*EL TÉRMINO "MUYAHIDIN" NO ES ESPECÍFICO DE AFGANISTÁN. SIGNIFICA COMBATIENTE.

SEGURO QUE HABRÁS OÍDO HABLAR DE ELLO.

NO, PAPÁ, NO LO SABÍA.

¿CÓMO ES POSIBLE?

¡¡EH!! ¡VAMOS! ¡HA PASADO CUATRO AÑOS EN EUROPA!

AH, SÍ, ¡CLARO!

¿QUÉ ESTABA DICIENDO?... ESO, LOS MUYAHIDIN PENSABAN QUE, COMO SE ACABABA LA GUERRA, NUESTRO EJÉRCITO ESTARÍA AGOTADO Y NO LE QUEDARÍA FUERZAS PARA LUCHAR.

¿ESTÁS SEGURO DE QUE ES EL MEJOR MOMENTO PARA EXPLICAR ESO?

...

¡DÉJALO, MAMÁ! ME INTERESA.

...ADEMÁS, LOS MUYAHIDIN SABÍAN QUE LA MAYORÍA DE LA POBLACIÓN IRANÍ ESTABA EN CONTRA DEL RÉGIMEN Y ESPERABAN RECIBIR EL APOYO POPULAR. PERO NO TUVIERON EN CUENTA UNA COSA: ENTRARON POR IRAK. EL MISMO IRAK QUE NOS HABÍA ATACADO Y CONTRA EL QUE HABÍAMOS LUCHADO DURANTE OCHO AÑOS.

EN DEFINITIVA, CUANDO LLEGARON A IRÁN, NADIE SALIÓ A RECIBIRLES. LA MAYOR PARTE DE ELLOS MURIÓ A MANOS DE LOS GUARDIANES DE LA REVOLUCIÓN Y DEL EJÉRCITO.

VOY A ACOSTARME.

PERO EL RÉGIMEN SE ASUSTÓ, PORQUE SI LOS OPOSITORES LLEGABAN A TEHERÁN, LIBERARÍAN A GENTE QUE REPRESENTABA UNA VERDADERA AMENAZA PARA EL GOBIERNO...

BUENAS NOCHES.

...ES DECIR, A LOS PRISIONEROS POLÍTICOS QUE ERAN LOS LEGÍTIMOS HEREDEROS DE LA REVOLUCIÓN Y QUE CONSTITUÍAN LA INTELIGENCIA DEL PAÍS...

...ASÍ QUE EL ESTADO DECIDIÓ ACABAR CON ESE PROBLEMA. LES HIZO LA SIGUIENTE PROPUESTA A LOS DETENIDOS: O ABJURABAN DE SUS IDEALES REVOLUCIONARIOS Y PROMETÍAN FIDELIDAD Y LEALTAD A LA REPÚBLICA ISLÁMICA, Y ASÍ PODRÍAN CUMPLIR SUS PENAS...

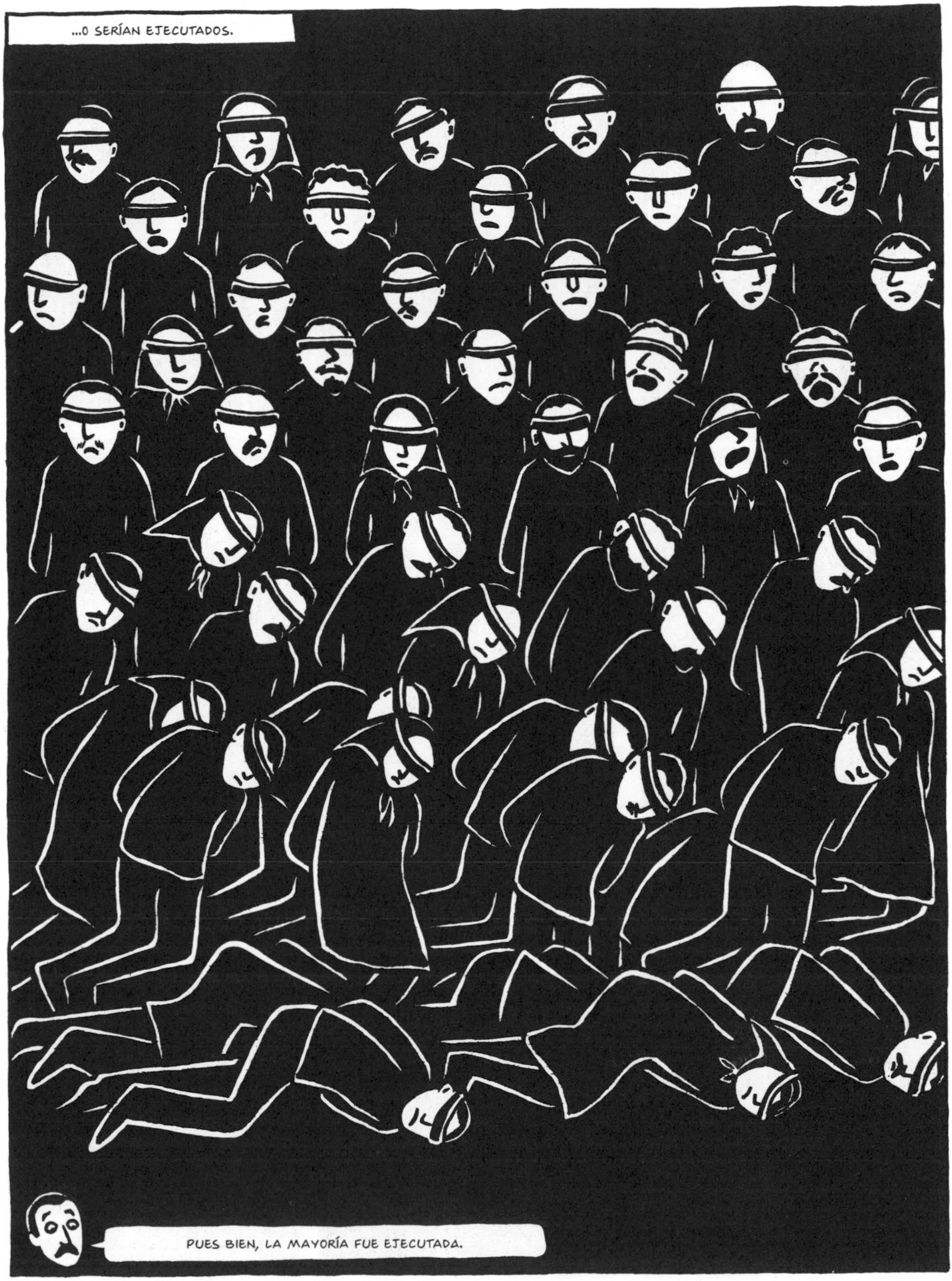
...O SERÍAN EJECUTADOS.
PUES BIEN, LA MAYORÍA FUE EJECUTADA.

¿A CUÁNTOS SE CARGARON?

NADIE LO SABE EXACTAMENTE. MILES, DECENAS DE MILES DE PERSONAS...

¿Y LAS VÍCTIMAS DE LA GUERRA?

ENTRE 500.000 Y 1.000.000.

SIN CONTAR A LOS MUTILADOS DE GUERRA, LOS PUEBLOS ARRASADOS POR LAS BOMBAS QUÍMICAS...

...LOS QUE SE VOLVIERON LOCOS POR LAS EXPLOSIONES...

...LOS HUÉRFANOS, LAS VIUDAS, LOS REFUGIADOS, LOS DAÑOS MATERIALES...

PERO, EN FIN, TODO ESO YA ES PASADO. ¡HAY QUE MIRAR HACIA ADELANTE! ¡HAY QUE RECONSTRUIRLO TODO!

A PESAR DEL AIRE OPTIMISTA QUE QUERÍA APARENTAR MI PADRE, NO SENTÍ LA MENOR CONVICCIÓN EN SU VOZ. ME PARECIÓ TAN HASTIADO COMO MI MADRE.

VAMOS A ACOSTARNOS. MAÑANA ME ESPERA UNA LARGA JORNADA DE TRABAJO. ¿TIENES ALGÚN PLAN?

NO, AÚN NO.

AL LADO DEL LAMENTABLE RELATO DE MI PADRE, MIS DESVENTURAS VIENESAS PARECÍAN ANECDOTILLAS SIN IMPORTANCIA.

ASÍ QUE DECIDÍ NO EXPLICARLES NADA DE MI VIDA EN AUSTRIA. YA HABÍAN SUFRIDO BASTANTE.

EL CHISTE

LLEVABA DIEZ DÍAS EN TEHERÁN. A PESAR DE MIS RETICENCIAS, TODA MI FAMILIA ACABÓ VINIENDO A VISITARME. NO SÉ SI ESTABAN AL CORRIENTE DE MI FRACASO EN EUROPA. ME ASUSTABA HABERLES DECEPCIONADO.

SEGURO QUE HABLAS MUY BIEN EL ALEMÁN.

YO SÉ DECIR "ICH LIEBE DICH". ¡JI, JI, JI!

SÍ, LO HABLO UN POCO.

GRACIAS POR LAS FLORES.

ÉSTE ES TITO ARDESHIR, EL TÍO DE MI MADRE. PROFESOR NACIONAL JUBILADO.

CUANDO PIENSO EN VIENA, SIEMPRE ME VIENE A LA CABEZA SISSÍ EMPERATRIZ. ¿SEGURO QUE HAS VISTO LA PELÍCULA DE ROMY?

SÍ.

ÉSTA ES MINA, MI PRIMA HERMANA. ES UNA IMBÉCIL. HABLA DE ROMY SCHNEIDER COMO SI FUERA SU MEJOR AMIGA.

MARJANE, LAS ESTRELLAS BRILLAN EN EL CIELO Y TÚ EN MI CORAZÓN...

ÉSTOS SON NUESTROS VECINOS. SON EL MODELO DE FAMILIA PERFECTA.

AUNQUE SABÍA QUE TODOS VENÍAN A VERME POR AMISTAD Y EDUCACIÓN, NO TARDÉ MUCHO EN HARTARME DE RECIBIRLES A DIARIO.

PERO NO HABÍA NADA QUE HACER, LAS VISITAS CONTINUABAN.

APARTE DE MIS PADRES, LA ÚNICA PERSONA CON LA QUE ME APETECÍA HABLAR ERA MI ABUELA. AUNQUE FUE LA ÚLTIMA QUE ME VINO A VER.

¿ABUELA, DÓNDE ESTABAS?

¡¡BUENO, ESPERABA QUE ACABARA DE PASAR TODA LA TRIBU!! ¡CÓMO HAS CRECIDO! ¡PRONTO PODRÁS TIRARLE DE LOS PANTALONES AL SEÑOR!

SIEMPRE FIEL A SÍ MISMA.

DESPUÉS DE MI FAMILIA, LE TOCÓ EL TURNO A MIS AMIGAS. A ELLAS LAS SOPORTABA MEJOR, TENÍAMOS LA MISMA EDAD, ASÍ QUE EL CONTACTO DEBERÍA SER MÁS FÁCIL.

¡HOLA!

¿QUÉ TAL?

EH...

ME EQUIVOCABA. TODAS PARECÍAN PROTAGONISTAS DE LAS SERIES TELEVISIVAS AMERICANAS, LISTAS PARA CASARSE EN CUALQUIER MOMENTO, SI SE PRESENTABA LA OCASIÓN.

¿Y ESA CARA DE MONJA? NADIE DIRÍA QUE HAS VIVIDO EN EUROPA.

AH, ¿TÚ CREES?

COMPARADO CON SU MAQUILLAJE A LA ÚLTIMA MODA, SÍ, YO TENÍA UN ASPECTO DE MONJA.

¡VENGA, EXPLÍCANOS! DEBES DE TENER MILES DE HISTORIAS QUE CONTAR.

NO SÉ...

BUENO, POR EJEMPLO, DINOS CÓMO SON LAS DISCOTECAS EN VIENA.

ES QUE... NO FUI MUY A MENUDO... NO ME GUSTAN DEMASIADO.

¿QUÉ?

¡NO OS HAGÁIS LAS SORPRENDIDAS! ¿NO OS ACORDÁIS DE CÓMO ERA? ¡¡SIEMPRE DANDO LECCIONES!! ¡ES UNA "REBELDE"!

¡SI HUBIERA DISCOS EN TEHERÁN, IRÍA TODOS LOS DÍAS!

¡JI, JI, JI, JI!! ¡Y YO!

ME COSTABA RECORDAR LOS MOTIVOS DE NUESTRA ANTIGUA AMISTAD.

POR UNA PARTE, LAS ENTENDÍA. CUANDO TE PROHÍBEN ALGO, ADQUIERE UNA IMPORTANCIA DESPROPORCIONADA. MÁS ADELANTE, ME DÍ CUENTA DE QUE EL HECHO DE MAQUILLARSE Y QUERER VIVIR COMO OCCIDENTALES ERA UN ACTO DE RESISTENCIA POR SU PARTE.

DE TODAS FORMAS, ME SENTÍA TERRIBLEMENTE SOLA.

UNOS DÍAS MÁS TARDE.

TE HA LLAMADO LALEH.

PFFF...

¡AH!... AMIGAS... AMIGAS... ¡LAS ENCUENTRO MUY ABURRIDAS!

SABES, LA CULPA NO ES TODA SUYA. ¡NADIE LES EXIGE QUE SEAN INTELIGENTES, SINO LO CONTRARIO!

PIÉNSALO, HIJITA. ¡SEGURO QUE HAY GENTE QUE TE GUSTARÍA VER!

MI ABUELA TENÍA RAZÓN. ME HABRÍA ENCANTADO VOLVER A VER A LOS AMIGOS CON LOS QUE JUGABA EN LA CALLE.

ME GUSTARÍA VER A ARASH Y KIA...

...¡SÍ! ¡ARASH Y KIA! SOBRE TODO A KIA. NOS REÍAMOS TANTO. ADEMÁS, ES UN CHICO. TIENE MÁS INQUIETUDES QUE EL MAQUILLAJE.

EH...

LA REACCIÓN DE MI MADRE ME PARECIÓ NORMAL. NUNCA LE HABÍA ACABADO DE GUSTAR. LE PARECÍA UN MALEDUCADO QUE ME ANIMABA A HACER TONTERÍAS.

MAMÁ, PUEDES ESTAR TRANQUILA. YA SOMOS MAYORES. SI NOS VEMOS, NO ROMPEREMOS CRISTALES NI ATACAREMOS A NADIE CON CLAVOS.

LO QUE PASA ES QUE KIA...

¿KIA QUÉ?

FUE LLAMADO A FILAS, PERO PREFIRIÓ SALIR DEL PAÍS ILEGALMENTE.

¿Y ADÓNDE FUE?

A NINGÚN SITIO... LO ARRESTARON. DESPUÉS TUVO QUE HACER EL SERVICIO MILITAR, COMO TODO EL MUNDO... LO ENVIARON AL FRENTE Y...

¿Y QUÉ...? ¿ESTÁ MUERTO?

CASI.

¿¿¿CASI MUERTO???

SÍ, CÓMO DECÍRTELO... ESTÁ MUTILADO.

DECIDÍ IR A VERLE. ME ENTERÉ DE QUE SE HABÍA MUDADO. MI MADRE PREGUNTÓ A LOS VECINOS Y AL FINAL ENCONTRÓ SU NÚMERO DE TELÉFONO.

¿HOLA? ¿PODRÍA HABLAR CON KIA, POR FAVOR?

SE LO PASO... ¡¡KIA!! ¡TELÉFONO!

¡KIA! HOLA, ¿TE ACUERDAS DE MÍ?

EH... ¡NO!

¿Y DE LOS ATAQUES A RAMINE CON CLAVOS? ¿NO TE DICEN NADA?

¡MARJI! ¿ERES TÚ?

¡NO, SOY SU MADRE!

¡JA, JA, JA!

¡¡AH, ME ALEGRO DE OÍRTE!! ¿CUÁNDO PODEMOS VERNOS?

MAÑANA, SI QUIERES. ¿TIENES NUESTRA DIRECCIÓN?

ME QUEDÉ MÁS TRANQUILA. ¡NO ME PARECIÓ QUE ESTUVIERA "CASI MUERTO"!

AL DÍA SIGUIENTE, ME PUSE DE PUNTA EN BLANCO. HABÍA VUELTO A NEVAR. ME PASÉ DOS HORAS EN LOS ATASCOS, TIEMPO SUFICIENTE PARA HACERME TODO TIPO DE PREGUNTAS: "¿Y SI ESTÁ TUERTO?", "¿Y SI HA PERDIDO UNA PIERNA?", "¿Y SI ESTÁ TERRIBLEMENTE DESFIGURADO?"...

CUANDO LLEGUÉ A SU CASA, YA NO ESTABA SEGURA DE QUERER VERLE.

SEÑORITA, YA PUEDE BAJAR. ES AQUÍ.

¿QUÉ IMPORTABA SU ESTADO? ESTABA SEGURA DE QUE MI VISITA ERA OPORTUNA.

¿A QUÉ PISO VA?

AL TERCERO. VENGO A VISITAR A UN AMIGO DE LA INFANCIA, KIA ABADI.

¡AH! ¡QUÉ BIEN!

EL "QUÉ BIEN" DEL VECINO ME CALMÓ UN POCO. SI HUBIERA PASADO ALGO MUY GRAVE, SEGURO QUE NO ME HABRÍA DICHO ESO.

ESTABA TRANQUILA.

¡OH, KIA!...

...BUENOS DÍAS.

...¡ES INCREÍBLE CÓMO HAS CAMBIADO!... ¡VAMOS, TE LO RUEGO, PASA!

¡VENGA, EXPLÍCAME! ¡ESTÁS HECHA TODA UNA MUJER!

¡CLARO! ¡TODOS ACABAMOS ACEPTÁNDONOS!

SÍ... ¡ESO LO SÉ MEJOR QUE NADIE!

¡QUÉ IDIOTA! ¡PERO QUÉ IDIOTA SOY!

CAMBIÉ RÁPIDAMENTE DE TEMA.

¿TE ACUERDAS DE NUESTRO AMIGO RAMINE?

¡SOBRE TODO ME ACUERDO DE NOSOTROS CON NUESTROS PUÑOS AMERICANOS! ¡SE CAGÓ ENCIMA!

BLA BLA BLA BLA BLA BLA BLA.

SÍ, BLA BLA BLA BLA BLA.

¿QUIERES TOMAR ALGO?

¡NO, ESTOY BIEN, GRACIAS!

TENGO SED, ¡VOY A BUS-CAR UNA COCA-COLA!

PUES YO TAMBIÉN ME TOMARÉ UNA.

SÓLO ME ATREVÍA A MIRARLE A LOS OJOS.

HASTA QUE SE FUE A LA COCINA NO ME DI CUENTA DE QUE NO PODÍA MOVER EL BRAZO DERECHO.

TOMA, ¿PUEDES AYUDARME, POR FAVOR?

¡POR SUPUESTO! ¡DÁMELAS!

GLU GLU GLU

MIERDA.

ESTA VEZ, FUE ÉL EL QUE SALVÓ LA SITUACIÓN.

ASÍ QUE HAS VUELTO DE AUSTRIA. ¿QUÉ TAL TE IBA POR ALLÍ?

NO ESTABA MAL. ¡PERO MEJOR CUÉNTAME TÚ! ¿CÓMO TE VA?

HAGO LO QUE PUEDO... QUIERO IRME A LOS ESTADOS UNIDOS. TENGO UN TÍO MÉDICO EN BOSTON. VAN A HACERME DOS BONITAS PRÓTESIS, UNA PARA LA PIERNA Y OTRA PARA EL BRAZO, PERO ESTÁ POR VER SI LOS AMERICANOS ME DAN EL VISADO O NO.

...   ...

UN COLEGA MÍO ME CONTÓ UNA HISTORIA MUY BUENA. ¿QUIERES QUE TE LA EXPLIQUE?

SÍ, CUENTA.

¡MUY BIEN! ES LA HISTORIA DE UN CHAVAL QUE ESTABA EN EL FRENTE DE GUERRA. LE CAYÓ UNA GRANADA ENCIMA...

...ESTALLÓ EN MIL PEDAZOS...

...LOS ENFERMEROS LLEGARON, RECOGIERON LOS TROZOS, LOS METIERON EN UN GRAN SACO...

...Y LOS LLEVARON A TODA PRISA A TEHERÁN.

ACABÓ ATERRIZANDO EN UN BUEN HOSPITAL. ALLÍ, LOS MÉDICOS JUNTARON LAS PIEZAS UNA A UNA. COSIERON Y REMENDARON...

...Y AL FINAL, DESPUÉS DE CIENTO CINCUENTA OPERACIONES Y UN AÑO Y MEDIO DE VENDAJES...

...VOLVIÓ A SER UN HOMBRE PARCIALMENTE ENTERO.

GRACIAS, DOCTOR. NUNCA ME HABÍA ENCONTRADO TAN BIEN. GRACIAS A USTED, PUEDO EMPEZAR UNA NUEVA VIDA.

PARA AYUDARLE CON SU NUEVA VIDA, SUS PADRES DECIDIERON BUSCARLE UNA ESPOSA. SU MADRE BUSCÓ ENTRE TODOS SUS AMIGOS Y VECINOS HASTA ENCONTRAR A UNA AUTÉNTICA JOYA. COMO MANDA LA TRADICIÓN, EL CHICO, ACOMPAÑADO DE SU FAMILIA, FUE A PEDIR LA MANO DE LA JOVEN.

¡NUESTRO HIJO ES EXCEPCIONAL!

¡NUESTRA HIJA ES MAGNÍFICA!

DESPUÉS DE LARGAS NEGOCIACIONES SOBRE EL MONTANTE DE LA DOTE,* LOS ANILLOS, LA ROPA, LAS FLORES, LA PELUQUERÍA, EL MAQUILLAJE, EL EQUIPO DE VÍDEO PARA GRABAR LA CEREMONIA, EL RESTAURANTE, LOS SIRVIENTES, LOS MÚSICOS Y EL NÚMERO DE INVITADOS, LAS DOS FAMILIAS SE PUSIERON DE ACUERDO. POR FIN LLEGÓ EL DÍA DE LA BODA.

ES EL DÍA MÁS BONITO DE MI VIDA.

TE AMARÉ PARA SIEMPRE.

*EN IRÁN, ES EL MARIDO QUIEN DEBE DAR LA DOTE A SU MUJER.

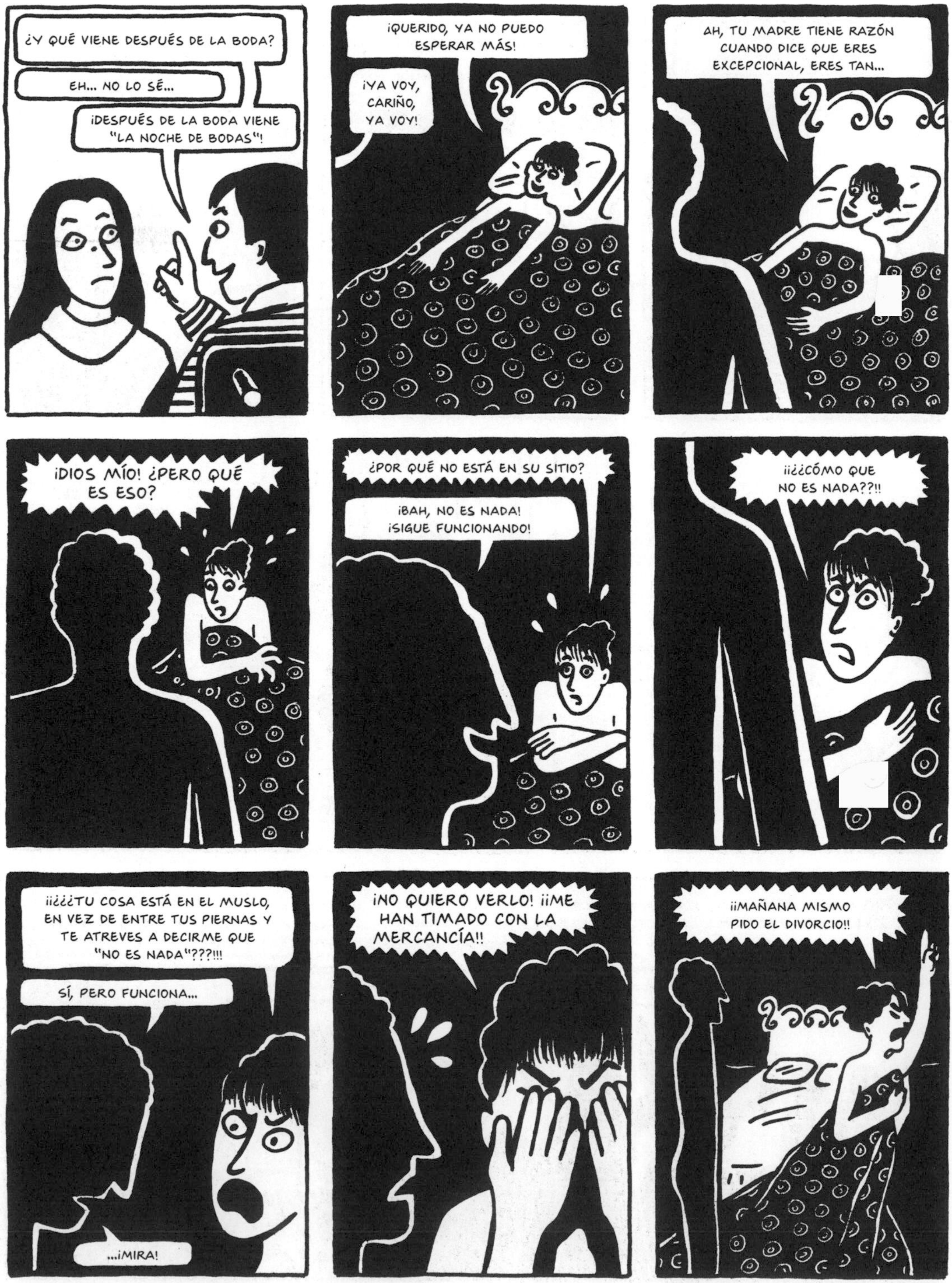
¿Y QUÉ VIENE DESPUÉS DE LA BODA?
EH... NO LO SÉ...
¡DESPUÉS DE LA BODA VIENE "LA NOCHE DE BODAS"!
¡QUERIDO, YA NO PUEDO ESPERAR MÁS!
¡YA VOY, CARIÑO, YA VOY!
AH, TU MADRE TIENE RAZÓN CUANDO DICE QUE ERES EXCEPCIONAL, ERES TAN...
¡DIOS MÍO! ¿PERO QUÉ ES ESO?
¿POR QUÉ NO ESTÁ EN SU SITIO?
¡BAH, NO ES NADA! ¡SIGUE FUNCIONANDO!
¡¡¿¿CÓMO QUE NO ES NADA??!!
¡¡¿¿¿TU COSA ESTÁ EN EL MUSLO, EN VEZ DE ENTRE TUS PIERNAS Y TE ATREVES A DECIRME QUE "NO ES NADA"???!!!
SÍ, PERO FUNCIONA...
...¡MIRA!
¡NO QUIERO VERLO! ¡¡ME HAN TIMADO CON LA MERCANCÍA!!
¡¡MAÑANA MISMO PIDO EL DIVORCIO!!

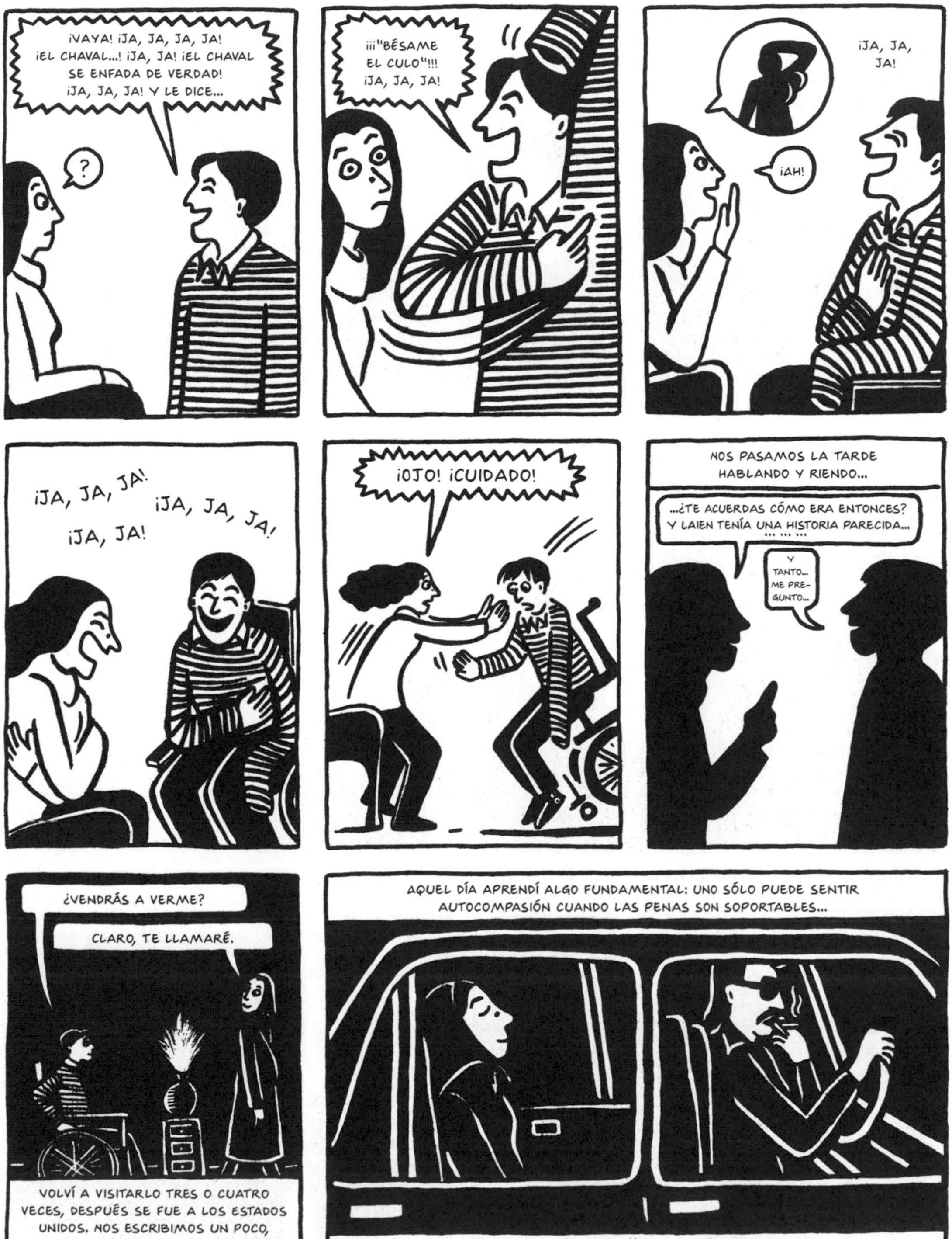

¡VAYA! ¡JA, JA, JA, JA! ¡EL CHAVAL...! ¡JA, JA! ¡EL CHAVAL SE ENFADA DE VERDAD! ¡JA, JA, JA! Y LE DICE...
?
¡¡¡"BÉSAME EL CULO"!!! ¡JA, JA, JA!
¡JA, JA, JA!
¡AH!
¡JA, JA, JA!
¡JA, JA, JA!
¡JA, JA!
¡OJO! ¡CUIDADO!
NOS PASAMOS LA TARDE HABLANDO Y RIENDO...
...¿TE ACUERDAS CÓMO ERA ENTONCES? Y LAIEN TENÍA UNA HISTORIA PARECIDA... ... ...
Y TANTO... ME PREGUNTO...
¿VENDRÁS A VERME?
CLARO, TE LLAMARÉ.
VOLVÍ A VISITARLO TRES O CUATRO VECES, DESPUÉS SE FUE A LOS ESTADOS UNIDOS. NOS ESCRIBIMOS UN POCO, HASTA QUE EL TIEMPO HIZO SU EFECTO Y PERDIMOS EL CONTACTO.
AQUEL DÍA APRENDÍ ALGO FUNDAMENTAL: UNO SÓLO PUEDE SENTIR AUTOCOMPASIÓN CUANDO LAS PENAS SON SOPORTABLES...
...UNA VEZ SUPERADO ESE LÍMITE, LA ÚNICA FORMA DE SOPORTAR LO INSOPORTABLE ES REÍRSE DE ELLO.

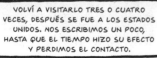

EL ESQUÍ

NO CONSEGUÍA VER LAS COSAS CON PERSPECTIVA, AUNQUE SABÍA QUE ERA LA ÚNICA MANERA DE SALIR ADELANTE.

DESPUÉS DE ALGUNAS SEMANAS, MI FAMILIA Y ALLEGADOS CREYERON QUE ERA EL MOMENTO DE OFRECERME SUS BUENOS CONSEJOS.

TENDRÍAS QUE HACER GIMNASIA. CONOZCO UN BUEN GIMNASIO.

TENDRÍAS QUE ENCONTRAR UN BUEN MARIDO.

DEBERÍAS INSCRIBIRTE EN LOS CURSILLOS PREPARATORIOS. NECESITAS ESTUDIOS UNIVERSITARIOS.

DEBERÍAS...

PERO YO NO QUERÍA HACER DEPORTE, NI CASARME, NI ESTUDIAR...

SÓLO QUERÍA QUE SUPIERAN QUE YO TAMBIÉN HABÍA SUFRIDO...

MI VIDA EN VIENA NO FUE DE COLOR DE ROSA.

TUVE QUE VIVIR EN LA CALLE.

ESCUPÍ SANGRE.

ESTABA SOLA.

NADIE ME QUERÍA.

¡OH!

¡OH!

¡OH! ¡POBRE!

...QUE TUVIERAN UN POCO DE COMPASIÓN POR MÍ...

OH, QUERIDA, LO HAS PASADO MUY MAL... TÓMATE ESTA INFUSIÓN.

ES ZUMO DE NARANJA, LO HE PREPARADO YO.

¿QUIERES QUE BAILE UN POCO?

...QUE ME ENTENDIERAN.

TE ENTIENDO.

ES VERDAD, ELLOS HABÍAN PASADO UNA GUERRA MÁS QUE YO, PERO TENÍAN A LOS SUYOS CONSIGO, NO HABÍAN CONOCIDO EL DESARRAIGO DEL TERCERMUNDISTA. ¡SIEMPRE HABÍAN TENIDO UNA CASA!

PERO, ¿CÓMO PODÍAN COMPADECERME? ERA TAN IMPERMEABLE.

ME REPETÍA QUE NO PODÍA VENIRME ABAJO.

PENSABA QUE SI VOLVÍA A IRÁN TODO IRÍA MEJOR.

QUE OLVIDARÍA LOS TIEMPOS PASADOS...

PERO MI PASADO ME PERSEGUÍA.

MIS SECRETOS ME PESABAN DEMASIADO.

ESTABA DEPRESIVA.

MARJI, ME VOY DE COMPRAS. ¿NECESITAS ALGO?

CIGARRILLOS, POR FAVOR.

HE ALQUILADO "LA DOLCE VITA". ¿NO QUIERES QUE LA VEAMOS JUNTOS?

NO...

NI SIQUIERA MI ABUELA CONSEGUÍA HACERME REÍR.

...¡Y SE LO TIRÓ! OLÍA A RATA MUERTA...

ME PASABA EL DÍA DELANTE DE LA TELE. DABAN UNA SERIE JAPONESA, LLAMADA "OSHIN", QUE MIRABA A MENUDO. ERA LA HISTORIA DE UNA CHICA POBRE QUE SE IBA A TRABAJAR A TOKIO.

AL PRINCIPIO HACÍA TAREAS DEL HOGAR, LUEGO SE HIZO PELUQUERA Y CONOCIÓ A UN TIPO, LA MADRE DEL CUAL SE OPONÍA A QUE SE CASARAN.

¡SÓLO ERES UNA PELUQUERA, ERES INDIGNA DE MI HIJO! ¡¡LÁRGATE, SUCIA!!

¡NO! ¡LE QUIERO!

NO ENTENDÍA POR QUÉ LA SUEGRA LES TENÍA TANTA MANÍA A LAS PELUQUERAS.

MUCHO DESPUÉS CONOCÍ A UNA CHICA QUE ERA DOBLADORA EN LA TELE. ME DIJO QUE OSHIN, EN REALIDAD, ERA GEISHA Y QUE, COMO ESE TRABAJO NO ERA ACORDE A LA MORAL ISLÁMICA, EL DIRECTOR DE LA CADENA DECIDIÓ CONVERTIRLA EN PELUQUERA.

PARECÍA CREÍBLE PORQUE OSHIN Y SUS AMIGAS CORTESANAS SE PASABAN TODO EL TIEMPO HACIÉNDOSE EL MOÑO.

PARA SACARME DE MI DEPRESIÓN, MIS AMIGAS ME PROPUSIERON IR A ESQUIAR. LOS PADRES DE UNA DE ELLAS TENÍAN UN CHALET EN DIZINE.* NO QUERÍA IR PERO MI MADRE INSISTIÓ TANTO QUE ACABÉ ACEPTANDO.

*ESTACIÓN DE ESQUÍ A UNOS CINCUENTA KILÓMETROS DE TEHERÁN.

SI QUIERES, PUEDES ALQUILAR EL MATERIAL. PODEMOS ENSEÑARTE.

NO, GRACIAS, ASÍ ESTOY MUY BIEN.

EFECTIVAMENTE, ESTABA DE MARAVILLA. LA MONTAÑA, EL CIELO AZUL, EL SOL... TODO AQUELLO ME IBA BIEN. POCO A POCO MI CARA Y MI ESPÍRITU FUERON COGIENDO COLOR.

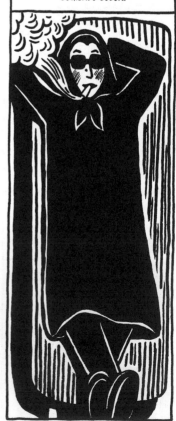

DE NOCHE.

¡AY, DIOS! ¡ESTOY MUERTA!

HE VISTO UN MONTÓN DE CHICOS GUAPOS, ALTOS, MUSCULOSOS...

¡AY, SÍ! ¡JI, JI, JI!

¿TE HAS ACOSTADO CON ALGUIEN, YA?

CLARO, ¡TENGO DIECINUEVE AÑOS!

CUENTA, ¿CÓMO ES?

DICEN QUE LA PRIMERA VEZ DUELE MUCHO.

DEBE DE SER DIVERTIDO...

DEPENDE DE CON QUIEN SEA. NO SIEMPRE ES AGRADABLE.

¿CÓMO? ¿LO HAS HECHO CON VARIAS PERSONAS?

SÍ, BUENO... HE TENIDO ALGUNAS EXPERIENCIAS.

¿¿¿ENTONCES, QUÉ DIFERENCIA HAY ENTRE TÚ Y UNA PUTA???

DETRÁS DE SU ASPECTO DE MUJERES MODERNAS, MIS AMIGAS ERAN TODAS UNAS AUTÉNTICAS TRADICIONALISTAS.

ESTABAN SATURADAS DE HORMONAS Y FRUSTRACIONES, POR ESO ESTABAN TAN AGRESIVAS CONMIGO. PARA ELLAS, ME HABÍA CONVERTIDO EN UNA OCCIDENTAL DECADENTE.

VOLVÍ AÚN MÁS DEPRIMIDA.

¡OH! ¡QUÉ MORENA ESTÁS! ¡TE QUEDA MUY BIEN!

¡EMBUSTERA!

MARTI, DIME, ¿QUÉ ES LO QUE VA MAL? ¿PUEDO HACER ALGO?

¡NO, MAMÁ!

QUIZÁ DEBERÍAS VER A ALGUIEN... UN PSICÓLOGO, POR EJEMPLO.

SEGUÍ EL CONSEJO DE MI MADRE. FUI A UN PRIMER PSICOTERAPEUTA...

ME DA VERGÜENZA NO HABER HECHO NADA CON MI VIDA... ¡POR SUERTE NADIE CONOCE LOS DETALLES Y NO ME EXTRAÑA! NO LES EXPLICO NADA... TENGO LA IMPRESIÓN DE LLEVAR PUESTA UNA MÁSCARA PERMANENTEMENTE.

SU HISTORIA ES TAN CONFUSA COMO USTED.

DESPUÉS A UN SEGUNDO...

CUANDO ESTABA EN VIENA, MI VIDA NO LE IMPORTABA A NADIE Y ESO, EVIDENTEMENTE, AFECTÓ A MI PROPIA AUTOESTIMA. QUEDÉ REDUCIDA A LA NADA. PENSABA QUE SI VOLVÍA A IRÁN, ESO CAMBIARÍA.

...

E INCLUSO A OTRO. Y A OTRO MÁS...

DOCTOR, NO ESTOY BIEN. NO TENGO NINGÚN INTERÉS. NADA ME DA PLACER.

SU PROBLEMA ES DE ORDEN PSIQUIÁTRICO. TIENE QUE MEDICARSE.

¡GRACIAS, DOCTOR! ¡GRACIAS!

POR FIN ALGUIEN HABÍA ENCONTRADO UN REMEDIO A MIS MALES.

LAS PASTILLAS QUE ME RECETÓ ERAN EFICACES...

...ME ENCONTRABA "BIEN".

A MENUDO ME SENTÍA COMO AUSENTE.

Marjane, quieres venir

El mar Caspio

Sí

PERO EN CUANTO DESAPARECÍA EL EFECTO DE LOS COMPRIMIDOS, VOLVÍA A SER CONSCIENTE DE MI ANGUSTIA. MI DESGRACIA SE RESUMÍA EN UNA FRASE: YO NO ERA NADA.

ERA UNA OCCIDENTAL EN IRÁN Y UNA IRANÍ EN OCCIDENTE. NO TENÍA IDENTIDAD ALGUNA. NI SIQUIERA SABÍA POR QUÉ VIVÍA.

TOMÉ LA DECISIÓN DE MORIR. UNAS SEMANAS DESPUÉS DE ESA RESOLUCIÓN...

DIJISTE QUE VENDRÍAS CON NOSOTROS A VER EL MAR CASPIO... SI QUIERES, PODEMOS ANULAR EL VIAJE. NO QUEREMOS DEJARTE SOLA...

¡VAMOS, PAPÁ! ¿Y CÓMO ESTABA EN VIENA? ¡NO PASA NADA, MARCHAOS! ADEMÁS, NECESITO ESTAR SOLA.

Y SE FUERON DIEZ DÍAS.

AL DÍA SIGUIENTE DE SU PARTIDA, HICE LOS PREPARATIVOS. HABÍA VISTO EN EL CINE QUE UNA MUJER SE BEBÍA UNA BOTELLA DE VINO ANTES DE CORTARSE LAS VENAS. A FALTA DE VINO, ME BEBÍ MEDIA BOTELLA DE VODKA.

¡BUAGH!

NO CONSEGUÍA HUNDIR EL FILO EN MI CARNE. LA SANGRE SIEMPRE ME HA DADO MUCHO MIEDO. PERO, COMO ESTABA BORRACHA, CONSEGUÍ HACERME UN CORTE.

DESPUÉS, HICE COMO EN LA PELÍCULA. ME DI UN BAÑO CALIENTE, ESPERANDO VACIARME DE MI SANGRE. PERO SE COAGULÓ RÁPIDAMENTE.

HAY QUE RECONOCER QUE ES MUY DIFÍCIL MATARSE CON UN CUCHILLO DE FRUTA. LAS ARMAS BLANCAS NO ERAN LO MÍO. TUVE QUE PENSAR EN OTRA COSA.

ESPERÉ A QUE LA MUÑECA CICATRIZARA PARA TOMARME TODOS MIS ANTIDEPRESIVOS.

ME DIJE QUE ERA LA ÚLTIMA VEZ QUE VEÍA EL SOL. TAMBIÉN ME ACORDÉ DE MIS PADRES.

ERA EL FIN...

...TRES DÍAS MÁS TARDE...

¡MI MANO! ¡MIERDA! ¡SIGO VIVA!

AL DESPERTARME, LOS MEDICAMENTOS QUE HABÍA TOMADO ME PROVOCARON ALUCINACIONES DURANTE UNAS CUANTAS HORAS.

ASÍ QUE FUI A VER A MI TERAPEUTA.

SE LAS HA TOMADO TODAS, ¿ESTÁ SEGURA?

SÍ...

¡ESA DOSIS HABRÍA BASTADO PARA MATAR A UN ELEFANTE!... AUNQUE NO SOY CREYENTE, NO ENCUENTRO OTRA EXPLICACIÓN APARTE DE LA INTERVENCIÓN DIVINA PARA SU SUPERVIVENCIA...

DEDUJE QUE NO ERA EL MOMENTO DE MORIR.

A PARTIR DE AHORA VOY A TOMAR LAS RIENDAS.

EL PELO ES UNA OBSESIÓN PARA LA MUJER ORIENTAL, EMPECÉ POR DEPILARME.

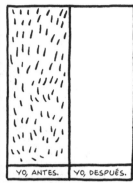

YO, ANTES. | YO, DESPUÉS.

DESPUÉS, ME DESHICE DE MIS COSAS.

Y FUI A HACERME VESTIDOS NUEVOS.

UN GUARDARROPA MODERNO.

ZAPATOS ORIGINALES.

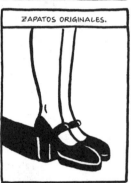

UN PEINADO A LA MODA.

UNA PERMANENTE.

ME CONVERTÍ EN UNA MUJER A LA ÚLTIMA...

LAS BOUTIQUES.

EL MAQUILLAJE.

Y COMO QUE "MENS SANA IN CORPORE SANO", ME PUSE A HACER DEPORTE...

CADA VEZ MÁS...

Y MÁS, Y MÁS...

HASTA CONVERTIRME EN PROFESORA DE AERÓBIC.

Y CINCO Y SEIS... Y UNO Y DOS...

♪♫ EYE OF THE TIGER ♪♫♪

ASÍ DE FUERTE E INVENCIBLE ME DIRIGÍA HACIA MI NUEVO DESTINO.

EL CONCURSO

EVIDENTEMENTE, MIS PADRES NUNCA SE ENTERARON DE LOS MOTIVOS DE MI METAMORFOSIS. MI NUEVO ENFOQUE VITAL LES ENCANTÓ HASTA EL PUNTO DE COMPRARME UN COCHE, COMO ESTÍMULO.

TENÍA AMIGOS NUEVOS, IBA A FIESTAS... RESUMIENDO, MI VIDA HABÍA TOMADO UN RUMBO COMPLETAMENTE NUEVO. UNA TARDE DE ABRIL DE 1989, FUI INVITADA A CASA DE MI AMIGA ROXANA.

BIENVENIDA, PASA, ESTÁS EN TU CASA.

APARTE DE LA DUEÑA DE LA CASA, NO CONOCÍA A NADIE.

SOY REZA. ¿VA TODO BIEN?

¿Y A USTED?

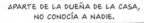

¿PUEDO SENTARME?

POR SUPUESTO.

¿A QUÉ SE DEDICA?

SOY PROFESORA DE AERÓBIC Y TAMBIÉN DOY CLASES DE FRANCÉS.

¿HA VIVIDO EN FRANCIA?

NO, EN AUSTRIA, PERO HE ESTUDIADO EN EL LICEO FRANCÉS, EN TEHERÁN Y EN VIENA.

¿ESTUDIABA EN EL LICEO RAZI?*

SÍ, ¿USTED TAMBIÉN?

NO, YO NO, MIS AMIGOS.

¿Y USTED? ¿A QUÉ SE DEDICA?

A LA PINTURA.

¡NO PUEDE SER! ¡¡YO TAMBIÉN PINTO!!

*NOMBRE DEL LICEO FRANCÉS DE TEHERÁN.

¡EH, TÚ! ¡O HABLAS O FUMAS! ¡VENGA, VEN A BAILAR UN POCO!

¿QUIÉN ES ESE TÍO?

¿REZA? ES VECINO NUESTRO. ¡TEN CUIDADO! ES UN MUJERIEGO...

...¡UN SEDUCTOR SIN ESCRÚPULOS!

¿AH, SÍ? PUES PARECE SIMPÁTICO.

YA, YA. ¡ESCONDE MUY BIEN SUS CARTAS!

¿DÓNDE ESTÁ?

¡UF!

ROXANA SE EQUIVOCABA.

¿PODEMOS TUTEARNOS?

¡DESDE LUEGO!

SIENTO HABERTE DEJADO SOLA, PERO HACIA MUCHO QUE NO VEÍA A HAMID.

¿QUIÉN ES HAMID?

EL TÍO CON EL QUE HABLABA. ESTUVIMOS JUNTOS EN EL FRENTE.

¿ESTUVISTE EN LA GUERRA?

¡CLARO, COMO TODOS! ¿HAS OÍDO LA HISTORIA DEL SOLDADO QUE EXPLOTÓ EN MIL PEDAZOS?

¿ES LA DEL CHAVAL QUE SE CASA Y TIENE LA COSA EN EL MUSLO?

EH... ¡SÍ!

JI, JI, JI... JI, JI, JI... JI, JI

ES MUY GRACIOSA... ES EL CHISTE DE LOS ANTIGUOS COMBATIENTES.

¿ASÍ QUE ESTUVISTE EN LA GUERRA CONTRA IRAK?

SÍ, ERA ARTILLERO EN UN CARRO DE COMBATE.

¿QUÉ? ¿MATASTE A GENTE?

BUENO, ¡NO LO SÉ! CUANDO DISPARAS, NO SABES EXACTAMENTE DÓNDE CAE...

ADEMÁS, DURANTE EL COMBATE, NO TE DA TIEMPO A TENER ESTADOS DE ÁNIMO. ES TODO CUESTIÓN DE SUPERVIVENCIA.

...CUANDO LOS IRAQUÍES NOS ATACARON CON BOMBAS QUÍMICAS, SABÍA QUE DEBÍAMOS ESCALAR LA MONTAÑA LO MÁS RÁPIDO POSIBLE.

¿LA MONTAÑA? ¿POR QUÉ?

PORQUE CUANDO LA BOMBA EXPLOTA, SUELTA UNA NUBE DE PRODUCTOS TÓXICOS. SI ESTÁS A CIERTA ALTURA, NO TE LLEGA...

¡ES HORA DE PASAR A LA MESA!

...ENTONCES HAMID Y YO HUIMOS HACIA LOS ESCONDRIJOS DEL ZAGROS...*

¡QUÉ HOMBRE!

PFF...

*CADENA MONTAÑOSA AL OESTE DE IRÁN.

DESPUÉS, NOS PASAMOS UNA SEMANA EN LAS MONTAÑAS, SIN COMIDA. COMÍAMOS NIEVE PARA NO MORIR DESHIDRATADOS.

¡QUÉ HÉROE!

¡TUVO QUE SER TERRIBLEMENTE DURO!

DURO... SÍ, PERO EL SER HUMANO ES MUCHO MÁS RESISTENTE DE LO QUE PENSAMOS.

LO SÉ.

ASÍ FUE CÓMO CONOCÍ AL QUE, DOS AÑOS DESPUÉS, SE CONVERTIRÍA EN MI MARIDO.

DESPUÉS DE AQUELLA VELADA, ROXANA NO VOLVIÓ A HABLARME. AL PARECER, SU MEJOR AMIGA QUERÍA SALIR CON REZA... DESGRACIADAMENTE, NO SIEMPRE SE CONSIGUE LO QUE SE QUIERE.

ÉRAMOS POLOS OPUESTOS.

SU HABITACIÓN. — MI HABITACIÓN.

SUS AMIGOS DE INFANCIA. — MIS AMIGOS DE INFANCIA.

SU ACTIVIDAD FAVORITA. — MI ACTIVIDAD FAVORITA.

SU IDEAL DE VIDA. — MI IDEAL DE VIDA.

SU RELACIÓN CON SU MADRE. — MI RELACIÓN CON MI MADRE.

SÍ, MAMÁ, EN UNA HORA Y MEDIA ESTOY AHÍ. ¡NO TE PREOCUPES!

¿NO QUIERES AVISAR A TUS PADRES?

NO, ¿PARA QUÉ?

SU VIDA SOCIAL. — MI VIDA SOCIAL.

LA IMAGEN QUE YO ME HACÍA DE ÉL. — LA IMAGEN QUE ÉL SE HACÍA DE MÍ.

ÉL BUSCANDO EN MÍ LA LIGEREZA PERDIDA... — YO BUSCANDO EN ÉL UNA GUERRA DE LA QUE YO HABÍA HUIDO.

EN RESUMEN, NOS COMPLEMENTÁBAMOS.

NOS NECESITÁBAMOS TANTO EL UNO AL OTRO QUE, MUY PRONTO, NOS PUSIMOS A HABLAR DE NUESTRO FUTURO EN COMÚN.

¿QUÉ PLANES TIENES PARA EL FUTURO?

QUIERO IRME DE AQUÍ. ME IRÉ A EUROPA O A LOS ESTADOS UNIDOS, PERO NO ME QUEDARÉ AQUÍ.

¿ADÓNDE IRÁS, EN EUROPA?

ITALIA, FRANCIA, SUECIA, ESPAÑA, INGLATERRA... QUÉ IMPORTA. LO QUE NO QUIERO ES QUEDARME EN IRÁN.

¿Y NOSOTROS?

¡BUENO, VENDRÁS CONMIGO!

AHORA MISMO NO QUIERO IRME DEL PAÍS

ES PORQUE AÚN ESTÁS NOSTÁLGICA. YA VERÁS, DENTRO DE UN AÑO, LA GENTE TE MOLESTARÁ. METIÉNDOSE SIEMPRE DONDE NO LES LLAMAN.

PUEDE QUE SÍ, PERO EN OCCIDENTE PUEDES PUDRIRTE EN LA CALLE Y NADIE TE ECHA UNA MANO.

¡NO TE PREOCUPES! ¡ENCONTRAREMOS UNA SOLUCIÓN!

AFORTUNADAMENTE, CONSEGUIR UN VISADO RESULTÓ DEMASIADO DIFÍCIL. ASÍ QUE DECIDIMOS ESTUDIAR PARA EL CONCURSO NACIONAL,* PARA NO PERDER AQUELLOS AÑOS DE NUESTRA VIDA SIN HACER NADA. ¡FUE MUY DURO! HACÍA SEIS AÑOS QUE REZA HABÍA ACABADO EL BACHILLERATO. HABÍA PERDIDO EL HÁBITO DE ESTUDIAR. EN CUANTO A MÍ, NO HABÍA LEÍDO NI ESCRITO EN PERSA DESDE TERCERO.

*EN IRÁN, SÓLO SE PUEDE ENTRAR EN LA UNIVERSIDAD DESPUÉS DE HABER PASADO EL CONCURSO NACIONAL.

JUNIO DE 1989. DESPUÉS DE DOS MESES DE DURO TRABAJO, FINALMENTE LLEGÓ EL GRAN DÍA.

LOS CANDIDATOS HACÍAN EL EXAMEN EN LUGARES DISTINTOS SEGÚN SU SEXO.

HABÍA CUESTIONARIOS ESPECÍFICOS PARA CADA SECCIÓN.

PARA ENTRAR EN LA FACULTAD DE ARTE, ADEMÁS DE LOS TESTS, HABÍA UNA PRUEBA DE DIBUJO. ESTABA SEGURA DE QUE UNO DE LOS TEMAS SERÍA "LOS MÁRTIRES". ¡VAYA QUE SÍ! ASÍ QUE ME PREPARÉ, COPIANDO UNA VEINTENA DE VECES UNA FOTO DE "LA PIETÁ" DE MIGUEL ÁNGEL. AQUEL DÍA, LA REPRODUJE AÑADIÉNDOLE UN CHADOR NEGRO EN LA CABEZA DE MARÍA, UN VESTIDO MILITAR PARA JESÚS Y DOS TULIPANES, SÍMBOLO DE LOS MÁRTIRES,* A CADA LADO, PARA QUE NO HUBIERA CONFUSIÓN POSIBLE.

QUEDÉ MUY SATISFECHA CON EL DIBUJO.

*SE DICE QUE DE LA SANGRE DE LOS MÁRTIRES BROTAN TULIPANES ROJOS.

...TUVIMOS QUE ESPERAR ALGUNAS SEMANAS ANTES DE QUE LOS RESULTADOS APARECIERAN EN EL ETELAAT,* QUE NO SALÍA HASTA LAS TRES DE LA TARDE. ESTÁBAMOS DELANTE DEL QUIOSCO A LA UNA.

¡MIRA! ¡ESTÁ MI NOMBRE!

*NOMBRE DEL PERIÓDICO.

¡JODER! ¡Y EL TUYO TAMBIÉN!

A SABIENDAS DE QUE EL 40% DE LAS PLAZAS DE LA FACULTAD ESTABAN RESERVADAS A LOS HIJOS DE LOS MÁRTIRES Y A LOS MUTILADOS DE GUERRA, LAS OPORTUNIDADES ERAN MÍNIMAS. FUE UNA SUERTE INESPERADA PASAR EL CONCURSO LOS DOS.

SIN HABERNOS CASADO, NO PODÍAMOS BESARNOS EN PÚBLICO, NI SIQUIERA TOCARNOS FRATERNALMENTE LOS BRAZOS PARA EXPRESAR NUESTRA ALEGRÍA EXTREMA. CORRÍAMOS EL RIESGO DE QUE NOS ENCARCELARAN Y NOS DIERAN LATIGAZOS. ASÍ QUE SUBIMOS RÁPIDAMENTE AL COCHE...

...Y ÉL PUSO SU MANO SOBRE LA MÍA.

FUE EXTRAORDINARIO.

DESPUÉS DE HABER DEJADO A REZA EN SU CASA, ME FUI A LA MÍA.

¡MAMÁ! ¡PAPÁ! ¡YA ESTÁ! ¡ME HAN ADMITIDO EN ARTES GRÁFICAS!

¡BRAVO! YA LO SABEMOS. HEMOS VISTO TU NOMBRE Y EL DE REZA EN EL PERIÓDICO.

¡PAPAÍTO! ¡ES GENIAL!

SÍ, SÍ, ¡ES MAGNÍFICO!

SÓLO FALTA EL TEST IDEOLÓGICO, PERO ESO ES UN PURO TRÁMITE.

¡MIERDA!

¡CARIÑO, POR DESGRACIA NO ES UN SIMPLE TRÁMITE!

¿AH, NO?

NO, LA HIJA DE MI PRIMO BAHMAN FUE RECHAZADA EN LA UNIVERSIDAD PORQUE SU MADRE FORMABA PARTE DE LOS OPOSITORES DEL RÉGIMEN Y HABÍA PASADO DOS AÑOS EN LA CÁRCEL.

TIENES QUE APRENDERTE LA PLEGARIA EN ÁRABE, EL NOMBRE DE TODOS LOS IMANES, SU HISTORIA, LA FILOSOFÍA DEL CHIÍSMO, ETC., ETC. SI QUIERES, TE AYUDARÉ.

NO, ESTÁ BIEN...

INTENTÉ APRENDÉRMELO DE MEMORIA. PUSE BUENA VOLUNTAD...

...PERO LAS PALABRAS ERAN TAN OPACAS QUE NO CONSEGUÍA RETENER NADA...

DESPUÉS DE VARIOS DÍAS DE ESTUDIOS RELIGIOSOS, ACABÉ CONVENCIDA DE QUE LA ÚNICA MANERA DE PASAR LA ÚLTIMA ETAPA ERA REZAR.

¡DIOS, AYÚDAME!

EL DÍA DEL EXAMEN IDEOLÓGICO.

¡SIGUIENTE!

¿ES DIFÍCIL?

PFFF...

SEÑORITA SATRAPI, VEO EN SU EXPEDIENTE QUE HA VIVIDO EN AUSTRIA... ¿ALLÍ LLEVABA EL VELO?

NO, SIEMPRE HE PENSADO QUE SI EL PELO DE LAS MUJERES FUERA TAN PROBLEMÁTICO, DIOS NOS HABRÍA HECHO CALVAS.

¿SE SABE LA PLEGARIA?

NO.

¿PODRÍA SABER POR QUÉ?

COMO TODOS LOS IRANÍES, NO ENTIENDO EL ÁRABE. Y SI REZAR ES HABLAR CON DIOS, PREFIERO HACERLO EN UNA LENGUA QUE CONOZCO. CREO EN DIOS, PERO ME DIRIJO A ÉL EN PERSA.

EL PROFETA MAHOMA DIJO: "DIOS ESTÁ MÁS PRÓXIMO A NOSOTROS QUE NUESTRAS VENAS YUGULARES". DIOS ESTÁ SIEMPRE CON NOSOTROS, ¡ESTÁ DENTRO NUESTRO! ¿VERDAD?

GRACIAS, SEÑORITA SATRAPI, PUEDE IRSE.

TENDRÍA QUE HABER CERRADO LA BOCA, TENDRÍA QUE HABER ESTUDIADO MÁS, TENDRÍA QUE... SE HA FASTIDIADO TODO...

¡MIRA POR DÓNDE VAS, IDIOTA!

DOS SEMANAS MÁS TARDE.

¡TU CARTA DE ADMISIÓN!

¡NO PUEDE SER!

¡SÍ, CARIÑO! ¡AHORA ERES UNIVERSITARIA!

UNOS MESES MÁS TARDE, ME ENTERÉ A TRAVÉS DE LA DIREC-CIÓN DEL DEPARTAMENTO DE ARTE QUE EL MULLAH QUE ME HABÍA INTERROGADO HABÍA APRECIADO MUCHO MI HONESTIDAD. AL PARECER, DIJO QUE ERA LA ÚNICA QUE NO HABÍA MENTIDO. TUVE SUERTE. ME ENCONTRÉ CON UN RELIGIOSO DE VERDAD.

 # EL MAQUILLAJE

EL ÉXITO EN EL CONCURSO NOS DEJÓ, A REZA Y A MÍ, MÁS TRANQUILOS RESPECTO A NUESTRO FUTURO EN COMÚN. PODÍAMOS SEGUIR JUNTOS PORQUE NINGUNO DE LOS DOS IBA A DEJAR IRÁN SIN EL OTRO. A PARTIR DE ENTONCES, NOS CONVERTIMOS EN UNA PAREJA DE VERDAD. ÉSE FUE, LÓGICAMENTE, EL INICIO DE LAS QUEJAS MUTUAS. YO LE REPROCHABA QUE NO ERA SUFI-CIENTEMENTE ACTIVO. ÉL, EN CAMBIO, SE CENTRABA MÁS EN MI ASPECTO FÍSICO: POCO ELEGANTE, ME MAQUILLABA POCO, ETC., ETC.

POR AQUEL ENTONCES, VALORABA TENER QUE HACER ESFUERZOS... UN DÍA QUE HABÍAMOS QUEDADO DELANTE DEL BAZAR SAFAVIEH,* ME MAQUILLÉ MUCHO PARA DARLE UNA SORPRESA.

¡TARDE, COMO SIEMPRE!

*NOMBRE DE UN CENTRO COMERCIAL.

DE REPENTE, AL OTRO LADO DE LA CALLE, VI LLEGAR UN COCHE DE LOS GUARDIANES DE LA REVOLUCIÓN, SEGUIDO DE UN AUTOBÚS. CUANDO IBAN EN AUTOBÚS, ERA PARA HACER REDADAS.

¡SI ME VEN CON LOS LABIOS PINTADOS, ME COGEN!

TENÍA QUE ACTUAR RÁPIDO.

¿QUÉ VOY A HACER?

¡¡YA LO TENGO!!

TENÍA QUE DESVIAR SU ATENCIÓN. DEBÍA IR A SU ENCUENTRO ANTES DE QUE SE FIJARAN EN MÍ.

¡HERMANO!

¡HERMANO!

¡DÍGAME, HERMANA!

¡HAY UN TIPO QUE ME HA HECHO PROPOSI-CIONES INDECENTES!

¡OH!

¡DIME DÓNDE ESTÁ ESE GUARRO, LE CERRARÉ EL PICO PARA SIEMPRE!

¡ALLÍ! ¡EN LAS ESCALERAS! ¡¡¡ES ÉSE!!!

¡VENGAN CONMIGO!

¡SÍ, HERMANO!

¡¡PARECE QUE HA DICHO OBSCENIDADES A LA SEÑORITA!!

¿QUIÉN? ¿YO?

¿QUIÉN SI NO? ¿NO TE DA VERGÜENZA? ¿ACASO NO TIENES MADRE? ¿NO TIENES HERMANA? ¿TE GUSTARÍA QUE ALGUIEN LAS INSULTARA?

¡SEÑORITA, POR FAVOR, DÍGALES QUE YO NO LE HE DICHO NADA!

¡SE ATREVE A MIRARME A LOS OJOS Y MENTIR!

REZA LLEGÓ EN MEDIO DE ESTE CAOS.

¡VETE!

¡OK!

¡¡LO JURO POR MI MADRE, POR EL CORÁN, EL PROFETA Y LOS IMANES, NO HE HECHO NADA!!

¡SEÑORITA, SE LO RUEGO, HAGA ALGO! ¡DÍGALES QUE SOY INOCENTE!

¡¡UUUFFF!!

SALVADA...

FALTABA ENCONTRAR A REZA.

NO ESTABA MUY LEJOS.

¡¿POR QUÉ SALES CON LOS LABIOS PINTADOS DE ROJO ELÉCTRICO, QUE NI SIQUIERA TE QUEDA BIEN?!

¿NO ME QUEDA BIEN?

¡NO!

¿QUIÉN ERA EL TÍO QUE SE HAN LLEVADO?

NO LO SÉ. UN POBRE CHAVAL QUE ESTABA AHÍ POR CASUALIDAD. CUANDO LES HE VISTO BAJAR DEL COCHE, HE PENSADO QUE LA ÚNICA MANERA DE SALIR DE ÉSTA ERA HACIÉNDOME "LA POBRE MUJER NECESITADA DE PROTECCIÓN". ASÍ QUE LES HE CONTADO QUE ESE TÍO ME HABÍA HECHO PROPOSICIONES INDECENTES Y LO HAN ARRESTADO.

¡¡¿¿HAS HECHO ESO??!!

¡JA, JA, JA! ¡ES BUENÍSIMO! ¡MENUDO INSTINTO DE SUPERVIVENCIA!

¿TÚ CREES?

¡DESDE LUEGO! ¡JA, JA, JA!

VENGA, ¡VAMOS A OTRO SITIO! ¡AQUÍ ES PELIGROSO!

¡YA SE HAN IDO!

CUANDO HACEN REDADAS, NUNCA VA UNA PATRULLA SOLA. VENDRÁN MÁS.

DEBO EXPLICAR QUE, EN AQUELLA ÉPOCA, LAS PAREJAS JÓVENES QUE SE MOSTRABAN EN PÚBLICO CORRÍAN PELIGRO.

SI ESTABAN CASADOS, EVIDENTEMENTE NO HABÍA NINGÚN PROBLEMA...

HERMANO, ¿CUÁL ES SU RELACIÓN CON ESTA SEÑORA?

ES MI MUJER.

AUNQUE ERA PREFERIBLE LLEVAR ENCIMA UNA FOTOCOPIA DEL ACTA DEL MATRIMONIO.

¡ESTÁ BIEN!

LOS PROBLEMAS SURGÍAN SI LOS JÓVENES NO ESTABAN UNIDOS POR LAZOS SAGRADOS.

¿CUÁL ES SU RELACIÓN CON ESTE SEÑOR?

ES MI PRIMO.

SOBRE TODO SI ACABABAN DE CONOCERSE.

¿CÓMO SE LLAMA TU MADRE?

AZAM KOLAHDOUZ.

¿CÓMO SE LLAMA SU MADRE?

LO HE OLVIDADO.

¿CÓMO ES POSIBLE? ES TU PRIMO, ¿NO? ¡SEGURO QUE SABES CÓMO SE LLAMA TU TÍA!

¡VENGA, SUBID AL COCHE!

ENTONCES LOS LLEVABAN AL COMITÉ.* DESDE ALLÍ LLAMABAN A SUS PADRES PARA QUE FUERAN A BUSCAR A SUS HIJOS, PREVIO PAGO DE UNA MULTA.

¡PERDÓN, PERDÓN!

PERDÓN.

SEÑOR, SU HIJA ESTÁ EN EL COMITÉ DE SAAD ABAD, ACOMPAÑADA DE UN JOVEN... ¡UN TAL SAID! PASEABAN JUNTOS POR EL PARQUE. ES UN ACTO CONTRA LA MORAL RELIGIOSA Y LOS VALORES DE NUESTRA REPÚBLICA. PUEDEN VENIR A BUSCARLA PREVIO PAGO DE 20,000** TOUMANS EN EFECTIVO, SI NO, SERÁ AZOTADA.

*COMISARIADO DE LOS GUARDIANES DE LA REVOLUCIÓN.
**SALARIO MENSUAL DE UN FUNCIONARIO DE LA ÉPOCA.

TENEMOS SUERTE DE TENER UNOS PADRES QUE ACEPTAN NUESTRA RELACIÓN. ¡NO ESTAMOS OBLIGADOS A VERNOS EN LA CALLE COMO OTROS! LA MAYORÍA DE LAS FAMILIAS SON TRADICIONALISTAS. TAN TIRÁNICOS COMO EL ESTADO.

DE TODAS FORMAS, SI NOS ARRESTAN, SÓLO TENEMOS QUE DECIR QUE ESTAMOS PROMETIDOS. QUÉ MÁS DA. ¡A LO PEOR PAGAMOS Y SE ACABÓ!

¡PERO A ESOS CABRONES NO HAY QUE DARLES NI UN CÉNTIMO!

¡QUÉ INGRATA! ESOS CABRONES ACABAN DE PROTEGERTE DE UN PERVERTIDO.

ESPERA... ¿QUÉ VAN A HACERLE?

¿A QUIÉN?

¡AL POBRE TIPO QUE HAN ARRESTADO!

¡NADA! ¡SE LLEVARÁ ALGUNA TORTA! ¡ESO ES TODO!

FÍJATE, ESTÁN TAN TARADOS QUE SI LES DA POR AHÍ LO DETENDRÁN... ¿TE ACUERDAS DE MIS AMIGOS DARIUSH Y NADER?

SÍ. ¿Y QUÉ?

BUENO, VOLVÍAN DE UNA FIESTA, ERA DE NOCHE, TARDE, CUANDO LOS GUARDIANES DE LA REVOLUCIÓN LOS PARARON...

...AL PRINCIPIO, PENSABAN QUE SE TRATABA DE UN SIMPLE CONTROL RUTINARIO, PERO DESPUÉS DE HABER INSPECCIONADO SUS PAPELES, UN BARBUDO LES PREGUNTÓ...

¿CUÁL ES SU RELACIÓN CON EL SEÑOR?

ES MI COMPAÑERO.

QUISIERON DÁRSELAS DE LISTOS.

¿QUÉ ENTIENDE USTED POR "COMPAÑERO"?

¡PUES QUE SALIMOS JUNTOS!

¡SUCIO MARICA!

A DARIUSH LE ROMPIERON LA NARIZ. NADER RECIBIÓ UNAS CUANTAS PATADAS... AUNQUE SE LIBRARON BASTANTE BIEN. AQUÍ, SEGÚN LA LEY, SI ERES HOMOSEXUAL MERECES LA PENA CAPITAL.

¡YA LO SÉ!

VENGA, VAMOS A CASA.

¿TAN PRONTO?

¡SÍ!

¿VIENES A MI CASA?

SI QUIERES.

EL EXTERIOR ERA PELIGROSO, ASÍ QUE A MENUDO NOS QUEDÁBAMOS EN EL INTERIOR, EN SU CASA O EN LA MÍA. AQUELLA SITUACIÓN ME ASFIXIABA.

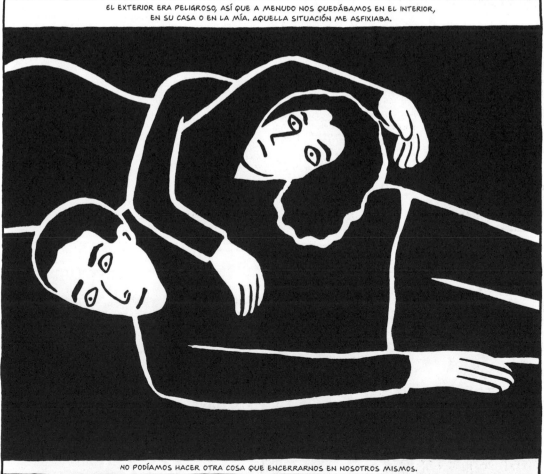

NO PODÍAMOS HACER OTRA COSA QUE ENCERRARNOS EN NOSOTROS MISMOS.

VOLVÍ A CASA BASTANTE PRONTO.

¡ABUELA! ¡QUÉ SORPRESA MÁS AGRA-DABLE! ¿DÓNDE ESTÁN PAPÁ Y MAMÁ?

ESTÁN EN EL CINE. ME HE QUEDADO PARA VERTE.

¡TENGO QUE EXPLICARTE ALGO!

... Y HE MIRADO A MI ALREDEDOR HASTA QUE HE VISTO A UN CHICO QUE TENÍA UN POCO DE MALA PINTA. ME HE IDO A VER A LOS BARBUDOS...

...¡Y LO HAN ARRESTADO! ¡JA, JA, JA!... ¡SE HAN LLEVADO AL CHAVAL! ¡JA, JA, JA!

¡JA, JA, JA, JA, JA!

¿Y TE PARECE GRACIOSO?

¿A TI NO?

¡NO! ¡ME PARECE QUE ERES UNA SINVERGÜENZA! ¡¡¡ESO ES LO QUE ME PARECE!!!

¿YA TE HAS OLVIDADO DE TU ABUELO? ¡SE PASÓ UNA TERCERA PARTE DE SU VIDA EN LA CÁRCEL POR HABER DEFENDIDO A INOCENTES! ¿Y TU TÍO ANOUCHE? ¡¡¿¿TAMBIÉN LO HAS OLVIDADO???! ¡DIO SU VIDA POR SUS IDEAS! ¡¡¿QUÉ TE ENSEÑÉ?!! ¿¿¿EH??? ¡¡¡"LA INTEGRIDAD", SÍ SEÑORITA, "LA INTEGRIDAD"!!! ¿TE DICE ALGO ESA PALABRA?

ME VOY. ¡PIÉNSALO BIEN! ¡LA SANGRE DE TU ABUELO Y DE TU TÍO CORRE POR TUS VENAS! ¡DEBERÍA DARTE VERGÜENZA!

MI ABUELA ME HABÍA GRITADO POR PRIMERA VEZ EN MI VIDA.

DECIDÍ QUE SERÍA LA ÚLTIMA.

LA CONVOCATORIA

SEPTIEMBRE DE 1989.
AL FIN ERA UNIVERSITARIA.

EL DESAYUNO QUE ME PREPARÓ MI MADRE COMO TIEMPO ATRÁS, LA ATMÓSFERA MELANCÓLICA DEL PRINCIPIO DEL OTOÑO, MI UNIFORME... EN FIN, TODO ME RECORDABA A LA VUELTA AL COLEGIO.

¡ESTOY MUY NERVIOSA!

ME ENCONTRÉ CON REZA DE CAMINO.

¡TUUUUT! ¡TUUUTUUUUUT!

¿CREES QUE LE PODEMOS DECIR A LA GENTE QUE ESTAMOS JUNTOS?

¡ESTÁS LOCA! JAMÁS EN LA VIDA. ¡SI LA DIRECCIÓN DESCUBRE NUESTRA RELACIÓN, NOS EXPULSARÁN! ¡PARA ELLOS, ESTAMOS FUERA DE LA LEY!

EXAGERABA UN POCO. ES VERDAD QUE EN LA ENTRADA DE LA UNIVERSIDAD LOS CHICOS Y LAS CHICAS NO SE MEZCLABAN, PERO ESO NO IMPEDÍA QUE SE LANZARAN MIRADITAS.

¡NORMAL! DESPUÉS DE TODO, CON LEY O SIN ELLA, ERAN HUMANOS.

MUCHOS ESTUDIANTES YA SE CONOCÍAN. ESCUCHÁNDOLES, DEDUJE QUE HABÍAN HECHO CURSOS PREPARATORIOS JUNTOS. NUESTRA PRIMERA LECCIÓN FUE HISTORIA DEL ARTE.

ESO QUE COMÚNMENTE LLAMAMOS ARTE Y ARQUITECTURA ÁRABE DEBERÍA LLAMARSE, DE HECHO, ARTE DEL IMPERIO MUSULMÁN, QUE SE EXTENDÍA DE CHINA A ESPAÑA. ESTE ARTE ES UNA MEZCLA ENTRE EL ARTE INDIO, PERSA Y MESOPOTÁMICO. AQUÉLLOS, COMO AVICENA, A LOS QUE CONOCEMOS COMO "SABIOS ÁRABES" SON EN SU MAYORÍA CUALQUIER COSA MENOS ÁRABES. INCLUSO EL PRIMER LIBRO DE GRAMÁTICA ÁRABE FUE ESCRITO POR UN IRANÍ.

ERA DIVERTIDO VER HASTA QUÉ PUNTO LA REPÚBLICA ISLÁMICA NO HABÍA PODIDO ACABAR CON NUESTRO CHOVINISMO. ¡AL CONTRARIO! LA GENTE, A MENUDO, COMPARABA EL OSCURANTISMO DEL NUEVO RÉGIMEN CON LA INVASIÓN ÁRABE. SEGÚN ESTA LÓGICA, "SER PERSA" QUERÍA DECIR "NO SER FANÁTICO". DONDE FLOJEABA ESTE ARGUMENTO ERA EN QUE NUESTRO GOBIERNO NO ESTABA FORMADO POR INVASORES ÁRABES, SINO POR INTEGRISTAS PERSAS.

LA HORA DEL DESAYUNO.

EL PROFESOR ES MUY INTERESANTE PERO, ¡DIOS MÍO, CÓMO LE APESTA LA BOCA! ¡A DIEZ METROS SE HUELE SU ALIENTO DE CHACAL!

¡¡HAY CHICOS QUE LLEVAN UNOS PEINADOS!! ¡DIOS MÍO!

¡JA, JA, JA!

A PESAR DE QUE PARECÍAN CERRADAS, LAS CHICAS DE MI PROMOCIÓN ME PARECÍAN BASTANTE DIVERTIDAS.

¡EH! MIRA AL DE LA CAMISA AZUL... ¡NO ESTÁ MAL, EH!

HABLABAN DE REZA. DE REPENTE ME PARECIERON BASTANTE MENOS GRACIOSAS.

HOLA, ME LLAMO CHOUKA.

YO SOY NIOUCHA.

ENCANTADA, SOY MARJANE.

NIOUCHA TENÍA UNOS OJOS MUY VERDES, QUE LA CONVIRTIERON EN LA CHICA MÁS DESEADA DE TODA LA FACULTAD (LA MAYORÍA DE LOS IRANÍES TIENEN LOS OJOS NEGROS).

¿HAS VIVIDO EN EL EXTRANJERO?

¿CÓMO LO SABES?

PUES POR TU MAGHNAEH.* LO LLEVAS COMO UNA NOVATA.

CHOUKA ERA MUY DIVERTIDA. POR DESGRACIA, CUANDO DOS AÑOS MÁS TARDE SE CASÓ, SU ESPOSO LE PROHIBIÓ VERME. PARA ÉL, YO ERA UNA PERSONA AMORAL.

*COGULLA, HÁBITO RELIGIOSO.

LA VERDAD ES QUE LLEVAR EL VELO PODÍA SER TODO UN ARTE. HABÍA QUE HACER UN PLIEGUE ESPECIAL DE LA SIGUIENTE MANERA:

NO SE VE NINGÚN MECHÓN DE PERFIL.

PERO SE VEN LOS RASGOS DE LA CARA.

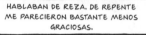

AL MENOS, LAS COSAS EVOLUCIONABAN... AÑO A AÑO, LAS MUJERES GANABAN UN CENTÍMETRO DE PELO Y PERDÍAN UNO DE VELO.

CON EL HÁBITO, AUNQUE FUERAN TAPADAS DE LA CABEZA A LOS PIES, LLEGÁBAMOS A DISTINGUIR SU CONSTITUCIÓN, CÓMO IBAN PEINADAS E INCLUSO SUS OPINIONES POLÍTICAS. EVIDENTEMENTE, CUANTO MÁS SE MOSTRABA UNA MUJER, MÁS PROGRESISTA Y MODERNA ERA.

POR LA NOCHE, EN CASA.

¡HOLA A TODO EL MUNDO!

BUENO, ¿CÓMO TE HA IDO EL PRIMER DÍA?

HOLA.

MIRA QUÉ TE HA TRAÍDO TU ABUELA.

¿ABUELA?

DESDE MI DESPRECIABLE ACTO, MI ABUELA NO ME HABLABA.

¿QUÉ ES ESTO?

¡UNA COGULLA DE ALGODÓN!

ASÍ LA CABEZA PODRÁ TRANSPIRAR. SI NO, TE QUEDARÁS CALVA DENTRO DE POCO.

ME HABÍA HECHO UN REGALO, HABÍA PENSADO EN MI PELO, ME HABLABA...

...¡UUF! ME HABÍA PERDONADO.

¡AH, ABUELA! ¡GRACIAS!

VALE, VALE, ¡YA ESTÁ!

ME HABÍA OLVIDADO DE SU EXTREMA INTRANSIGENCIA.

UNA SEMANA DESPUÉS.

EL TIPO AFEITADO ÉSE, ¿CÓMO SE LLAMA...? REZA, SÍ, REZA, ¿LE CONOCES?

NO, ¿POR QUÉ?

PUES PORQUE NO PARA DE VIGILARTE. ¡JI, JI, JI!

NO, NO, ¡NI SIQUIERA LE HABÍA VISTO!

¡TIENES RAZÓN! ¡NO ES NADA DEL OTRO MUNDO!

¡OH, NO ESTÁ TAN MAL!

¡VES COMO LE CONOCES!

ANTE LA PERSPICACIA DE MIS COMPAÑERAS, TUVE QUE CONFESAR LA VERDAD.

¡ESTUDIANTES, ESTUDIANTES!

¡QUÉ VISTA!

¡LO CONFIESO! LO VI AYER POR LA TARDE EN TU COCHE.

¡SUCIA EMBUSTERA! ¡ME HAS TOMADO EL PELO!

¡SHHHTT! ¡ESCUCHAD A LA DIRECTORA!

¡DEBEN PRESENTARSE A LAS 15 HORAS EN LA UNIVERSIDAD CENTRAL! ¡TODOS LOS QUE SE AUSENTEN SERÁN PRIVADOS DE CLASES DURANTE DOS SEMANAS!

EN LA UNIVERSIDAD CENTRAL ERA DONDE SE ENSEÑABAN LAS MATERIAS COMUNES A TODAS LAS SECCIONES. ERA UN SITIO MUCHO MÁS REPRESIVO QUE NUESTRA FACULTAD. COMO ARTISTAS, GOZÁBAMOS DE UN POCO MÁS DE LIBERTAD. POR EJEMPLO, ALLÍ, LAS CHICAS Y LOS CHICOS TENÍAN QUE SUBIR DISTINTAS GRADAS, MIENTRAS QUE EN LA NUESTRA ERAN LAS MISMAS PARA TODO EL MUNDO.

YO NO ENTENDÍA LA HISTORIA DE LAS ESCALERAS PORQUE, DE TODAS FORMAS, ACABÁBAMOS JUNTOS EN LA TARIMA, PERO CHOUKA DECÍA QUE ERA PARA IMPEDIR QUE LOS CHICOS NOS MIRARAN EL CULO MIENTRAS SUBÍAMOS.

CREO QUE TENÍA RAZÓN.

UNA VEZ, EN EL ANFITEATRO, DESCUBRIMOS EL MOTIVO DE LA CONVOCATORIA: LA DIRECCIÓN HABÍA ORGANIZADO UNA CONFERENCIA SOBRE EL TEMA "LA CONDUCTA MORAL Y RELIGIOSA", CON EL FIN DE MOSTRARNOS EL RECTO CAMINO.

¡NO PODEMOS PERMITIRNOS COMPORTARNOS DE CUALQUIER MANERA! LA SANGRE DE LOS MÁRTIRES HA HECHO BROTAR LAS FLORES DE NUESTRA REPÚBLICA. PERMITIRSE UNA CONDUCTA INDECENTE ES PISOTEAR LA SANGRE DE LOS QUE HAN DADO SU VIDA POR NUESTRA LIBERTAD. ASIMISMO, LES PIDO A LAS SEÑORITAS AQUÍ PRESENTES QUE LLEVEN LOS PANTALONES MÁS CORTOS Y LAS COGULLAS MÁS LARGAS, QUE SE CUBRAN BIEN EL PELO, QUE NO SE MAQUILLEN, QUE...

¿ALGUNA PREGUNTA? SI NO, SE LEVANTARÁ LA SESIÓN.

¡YO, SEÑOR, TENGO UNA PREGUNTA!

USTED DICE QUE LAS COGULLAS SON CORTAS, QUE LOS PANTALONES SON INDECENTES, QUE NO NOS MAQUILLEMOS, ETC.

COMO ESTUDIANTE DE ARTE, ME PASO BUENA PARTE DEL TIEMPO EN EL TALLER. NECESITO LIBERTAD DE MOVIMIENTO PARA PODER DIBUJAR. UN VELO TODAVÍA MÁS LARGO HARÍA LA TAREA AÚN MÁS DIFÍCIL.

EN CUANTO A LOS PANTALONES, SE QUEJA DE QUE SON DEMASIADO LARGOS, AUNQUE ESCONDEN EFICAZMENTE LAS FORMAS. Y AHORA QUE ESTOS PANTALONES ESTÁN DE MODA, LE HAGO LA PREGUNTA: ¿LA RELIGIÓN DEFIENDE NUESTRA INTEGRIDAD FÍSICA O SIMPLEMENTE SE OPONE A LA MODA?

NO DUDA EN HACERNOS REPROCHES, CUANDO NUESTROS HERMANOS AQUÍ PRESENTES LLEVAN TODO TIPO DE PEINADOS Y DE ROPA. A VECES, LLEVAN PRENDAS TAN CEÑIDAS QUE SE LES PUEDE VER EL CUERPO.

¿CÓMO ES POSIBLE QUE YO, COMO MUJER, NO PUEDA SENTIR NADA VIENDO A ESTOS FORNIDOS SEÑORES DE ARRIBA A ABAJO, PERO QUE ELLOS, COMO HOMBRES, PUEDAN EXCITARSE POR CINCO CENTÍMETROS MENOS DE VELO?

¡¡OHHHH!!

A LA SALIDA DE LA CONFERENCIA.

ERES REALMENTE VALIENTE.

¡NO! ¡BRAVO! ¡QUÉ FRANQUEZA!

GRACIAS.

¡SATRAPI!

LA COMISIÓN ISLÁMICA TE HA CONVOCADO... ¡ÁNIMO!

¿ES GRAVE?

¡NO SÉ NADA!

LA DIRECTORA DE NUESTRA FACULTAD HABÍA HECHO SUS ESTUDIOS EN ESTADOS UNIDOS Y ERA BASTANTE LAICA.

¿QUÉ HA PASADO?

¡ME HA CONVOCADO LA COMISIÓN ISLÁMICA!

¡MIERDA!

¡DESEADME SUERTE!

ERA COMO SI FUERA AL ENCUENTRO DE MI VERDUGO...

...PERO, PARA MI GRAN SORPRESA, MI EJECUTOR RESULTÓ SER "EL RELIGIOSO AUTÉNTICO", EL QUE HABÍA APROBADO MI TEST IDEOLÓGICO.

BUENO, SEÑORITA SATRAPI... SIGUE DICIENDO LO QUE PIENSA... ¡ESTÁ BIEN! ES USTED HONESTA, AUNQUE ESTÁ UN POCO EXTRAVIADA.

SÍ.

LEA LOS TEXTOS SAGRADOS. VERÁ QUE LLEVAR EL VELO ES SINÓNIMO DE EMANCIPACIÓN. ¡UNA MUJER CON VELO ES UNA MUJER LIBERADA!

SI USTED LO DICE.

NO SOY YO QUIEN LO DICE, ES DIOS... VOY A DARLE UNA SEGUNDA OPORTUNIDAD. POR ESTA VEZ, NO SERÁ EXPULSADA. A CAMBIO, LE PIDO QUE PIENSE EN UN UNIFORME ADAPTADO A LAS NECESIDADES DE LOS ESTUDIANTES DE SU SECCIÓN. ¡NADA EXTRAVAGANTE, POR SUPUESTO!

POR SUPUESTO.

ME APLIQUÉ. NO ERA FÁCIL DISEÑAR "EL MODELO" QUE AGRADARA A LA VEZ A LA DIRECCIÓN Y A LAS PRINCIPALES INTERESADAS. HICE MUCHOS BOCETOS.

ASÍ QUE ÉSTE FUE EL RESULTADO DE MI TRABAJO.

COGULLA CORTA →

← PANTALONES LARGOS

AUNQUE SUTILES, ESTAS DIFERENCIAS REPRESENTABAN MUCHO PARA NOSOTRAS.

ESTA PEQUEÑA REBELIÓN NOS RECONCILIÓ A MÍ Y A MI ABUELA.

EL MIEDO ES LO QUE NOS HACE PERDER NUESTRA CONCIENCIA. TAMBIÉN ES LO QUE NOS CONVIERTE EN COBARDES. ¡HAS SIDO MUY VALIENTE! ¡ESTOY ORGULLOSA DE TI!

ASÍ RECUPERÉ MI AMOR PROPIO Y MI DIGNIDAD. POR PRIMERA VEZ EN MUCHO TIEMPO, ESTABA SATISFECHA CONMIGO MISMA.

LOS CALCETINES

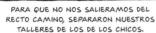

PARA QUE NO NOS SALIERAMOS DEL RECTO CAMINO, SEPARARON NUESTROS TALLERES DE LOS DE LOS CHICOS.

SOY VUESTRO PROFESOR DE ANATOMÍA. ANTES, DIBUJÁBAMOS DESNUDOS, PERO LAS COSAS HAN CAMBIADO. VUESTRO MODELO ESTARÁ CUBIERTO. INTENTAD ACOSTUMBRAROS.

LO INTENTÁBAMOS...

LA MIRÁBAMOS...

...POR TODOS LOS LADOS...

...DESDE TODOS LOS ÁNGULOS...

PERO NO HABÍA NADA DE SU CUERPO A LA VISTA.

AL MENOS, APRENDIMOS A DIBUJAR LAS TELAS.

DESPUÉS DE ALGUNAS SEMANAS, NUESTRO PROFESOR Y NOSOTRAS MISMAS DEDUJIMOS QUE ERA PREFERIBLE QUE VINIERA UN MODELO AL QUE, AL MENOS, SE LE PUDIERAN DISTINGUIR LOS MIEMBROS. LA DIRECTORA LO APROBÓ.

UNA TARDE, ANTES DEL CIERRE DE LA FACULTAD, UNO DE LOS VIGILANTES ME HIZO UNA VISITA.

¿QUÉ HACES AQUÍ TAN TARDE?

DIBUJO.

¿POR QUÉ MIRAS A ESE HOMBRE?

¡BUENO, PORQUE LO ESTOY DIBUJANDO!

SÍ, PERO TÚ NO TIENES DERECHO A MIRARLE. VA CONTRA LA MORAL.

¿QUÉ QUIERE QUE HAGA? ¡¡¿¿¿QUE DIBUJE A ESTE SEÑOR MIRANDO A LA PUERTA???!!

SÍ.

ESTAS SITUACIONES ABSURDAS ERAN BASTANTE FRECUENTES. UN DÍA, POR EJEMPLO, TENÍA QUE IR AL DENTISTA, PERO LAS CLASES ACABARON MÁS TARDE DE LO PREVISTO.

DE REPENTE, OÍ UNA VOZ DESDE UN MEGÁFONO.

¡LA SEÑORITA DEL PAÑUELO AZUL! ¡¡NO CORRA!!

¡¡¡LA MUJER DEL PAÑUELO AZUL!!! ¡DEJE DE CORRER!

??

¡EH, LA DEL PAÑUELO AZUL! ¡PARE DE CORRER!

???

¿YO?

SEÑORA, ¿POR QUÉ CORRÍA?

¡LLEGO TARDE! ¡CORRÍA PARA COGER EL AUTOBÚS!

SÍ... PERO... CUANDO CORRE, POR DETRÁS HACE MOVIMIENTOS... CÓMO SE LO DIRÍA... ¡IMPÚDICOS!

¡¿ES QUE NO TIENEN NADA MEJOR QUE HACER QUE MIRARME EL CULO?!

GRITÉ TAN FUERTE QUE NI SIQUIERA ME DETUVIERON.

NOS ENFRENTÁBAMOS AL RÉGIMEN COMO PODÍAMOS.

EN 1990, LA ÉPOCA DE LOS GRANDES IDEALES REVOLUCIONARIOS Y DE LAS MANIFESTACIONES YA SE HABÍA ACABADO. ENTRE 1980 Y 1983, EL GOBIERNO HABÍA ENCARCELADO Y EJECUTADO A TANTOS BACHILLERES Y UNIVERSITARIOS QUE YA NO NOS ATREVÍAMOS A HABLAR DE POLÍTICA.

NUESTRA LUCHA ERA MÁS DISCRETA.

SE BASABA EN PEQUEÑOS DETALLES. PARA NUESTROS DIRIGENTES, EL MÁS MÍNIMO DETALLE PODÍA SER UN MOTIVO DE SUBVERSIÓN.

ENSEÑAR LAS MUÑECAS...

REÍRSE FUERTE...

TENER UN WALKMAN...

EN RESUMEN... CUALQUIER PRETEXTO VALÍA PARA ARRESTARNOS.

RECUERDO QUE ME PASÉ UN DÍA ENTERO EN EL COMITÉ POR CULPA DE UNA HISTORIA CON UNOS CALCETINES ROJOS.

EL RÉGIMEN HABÍA COMPRENDIDO QUE SI UNA PERSONA SALÍA DE CASA PENSANDO...

¿EL PANTALÓN ES BASTANTE LARGO?

¿LLEVO EL PAÑUELO BIEN PUESTO?

¿SE ME VE EL MAQUILLAJE?

¿ME DARÁN LATIGAZOS?

YA NO SE PREGUNTABA...

¿DÓNDE ESTÁ MI LIBERTAD DE PENSAMIENTO?

¿DÓNDE ESTÁ MI LIBERTAD DE EXPRESIÓN?

MI VIDA, ¿ES SOPORTABLE?

¿QUÉ SUCEDE EN LAS PRISIONES POLÍTICAS?

¡NORMAL! CUANDO SE TIENE MIEDO, SE PIERDE LA CAPACIDAD DE ANÁLISIS Y DE REFLEXIÓN. NUESTRO PAVOR NOS PARALIZA. POR ESO EL MIEDO HA SIDO SIEMPRE EL MOTOR DE REPRESIÓN DE TODAS LAS DICTADURAS.

ENSEÑAR EL PELO O MAQUILLARSE SE CONVIRTIERON, LÓGICAMENTE, EN ACTOS DE REBELDÍA.

POR DESGRACIA, MUCHAS DE NOSOTRAS SÓLO ÉRAMOS REBELDES EN APARIENCIA. UN DÍA, EN CLASE...

¡MARJANE! ¡TU ESTUCHE!

GRACIAS, DORNA, ¡GRACIAS!

DE NADA,

¿TOMAS LA PÍLDORA?

¡SÍ!

¡YO TAMBIÉN! SOY IRREGULAR. ¿TÚ TAMBIÉN LO ERES?

NO, QUÉ VA. ¡LA TOMO PORQUE ME ACUESTO CON MI NOVIO!

¡¡¡¡OOOOH!!!!

¡UN POCO DE DECENCIA, POR FAVOR!

¿PUEDES EXPLICARME POR QUÉ ES INDECENTE HACER EL AMOR CON TU NOVIO?

¡CÁLLATE!

¡CÁLLATE TÚ! ¡MI CUERPO ES MÍO! ¡¡SE LO DOY A QUIEN QUIERO!! ¡ESO NO ES ASUNTO DE NADIE!

NO DIJE TODO LO QUE PODRÍA HABERLE DICHO: ¡QUE ESTABA FRUSTRADA POR SEGUIR SIENDO VIRGEN A LOS VEINTISIETE AÑOS! ¡QUE ME PROHIBÍA LO QUE LE HABÍAN PROHIBIDO! QUE CASARSE CON ALGUIEN QUE NO CONOCES, POR DINERO, ERA PROSTITUCIÓN. QUE A PESAR DE SUS MECHAS Y EL COLORETE DE LAS MEJILLAS, SE COMPORTABA IGUAL QUE EL ESTADO. QUE... ETC. AQUEL DÍA ME PUSE A MEDIA CLASE EN CONTRA.

POR SUERTE, QUEDABA LA OTRA MEDIA. POCO A POCO, CONOCÍ A LAS ESTUDIANTES QUE PENSABAN COMO YO.

NOS ENCONTRÁBAMOS EN CASA DE UNOS Y OTROS, Y ALLÍ POSÁBAMOS LOS UNOS PARA LOS OTROS... HABÍAMOS ENCONTRADO, AL FIN, UN ESPACIO DE LIBERTAD.

AL PRINCIPIO SÓLO ÉRAMOS CINCO.

DESPUÉS...

Y AL FINAL...

ÉRAMOS MUCHOS MÁS DE LO QUE HABÍA IMAGINADO.

NUESTRO PROFESOR ESTABA ENCANTADO CON LOS BOCETOS QUE HACÍAMOS EN CASA.

¡BRAVO! ¡UN ARTISTA DEBE DESAFIAR LA LEY! ¡LES FELICITO!

EL TIEMPO IBA PASANDO Y CADA VEZ ME DABA MÁS CUENTA DEL CONTRASTE ENTRE LA IMAGEN OFICIAL DE MI PAÍS Y LA VIDA REAL DE LA GENTE, LA QUE SE VIVÍA EN PRIVADO.

NUESTRO COMPORTAMIENTO EN PÚBLICO Y EN PRIVADO ESTABAN EN LAS ANTÍPODAS.

...ESTE CONTRASTE NOS VOLVÍA ESQUIZOFRÉNICAS.

PARA MANTENER UN CIERTO EQUILIBRIO, HACÍAMOS FIESTAS CASI TODAS LAS NOCHES...

...PERO NI SIQUIERA EN NUESTRAS CASAS NOS DEJABAN TRANQUILO

HE VISTO LA PATRULLA DE LOS GUARDIANES DE LA REVOLUCIÓN POR LA VENTANA. ¡CREO QUE VIENEN A ARRESTARNOS!

¡VEN AQUÍ, PEQUEÑO CANALLA! ¡ASÍ QUE ORGANIZAS FIESTAS! ¡TE VOY A QUITAR LAS GANAS DE DIVERSIÓN!

SE LLEVABAN A TODO EL MUNDO A LA CÁRCEL. EVIDENTEMENTE, LA PRIMERA VEZ PASAMOS MUCHO MIEDO.

...PERO PRONTO SE CONVIRTIÓ EN UN HÁBITO. LLEGAMOS A REÍRNOS DE ELLO.

BARBUDO, TU BARBA APESTA...

DESPUÉS VENÍA LA CANTINELA DE SIEMPRE...

...CONTRA LA MORAL... LA SANGRE DE LOS MÁRTIRES... ...VEINTE MIL TOUMANS...

...NUESTROS PADRES PAGABAN Y NOS SOLTABAN...

...HASTA LA SIGUIENTE. PARA HACER FIESTAS, HACÍAN FALTA RECURSOS.

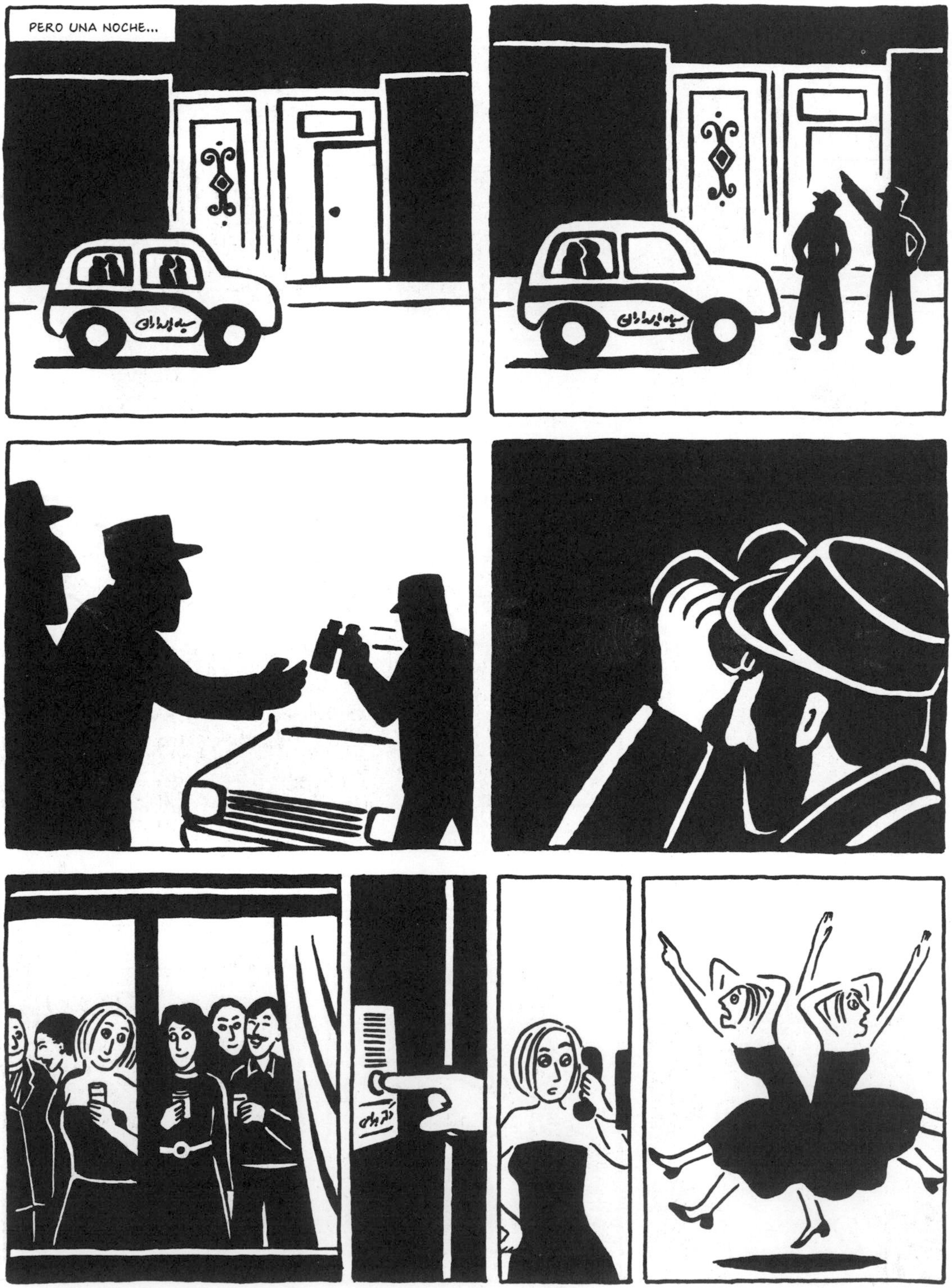
PERO UNA NOCHE...

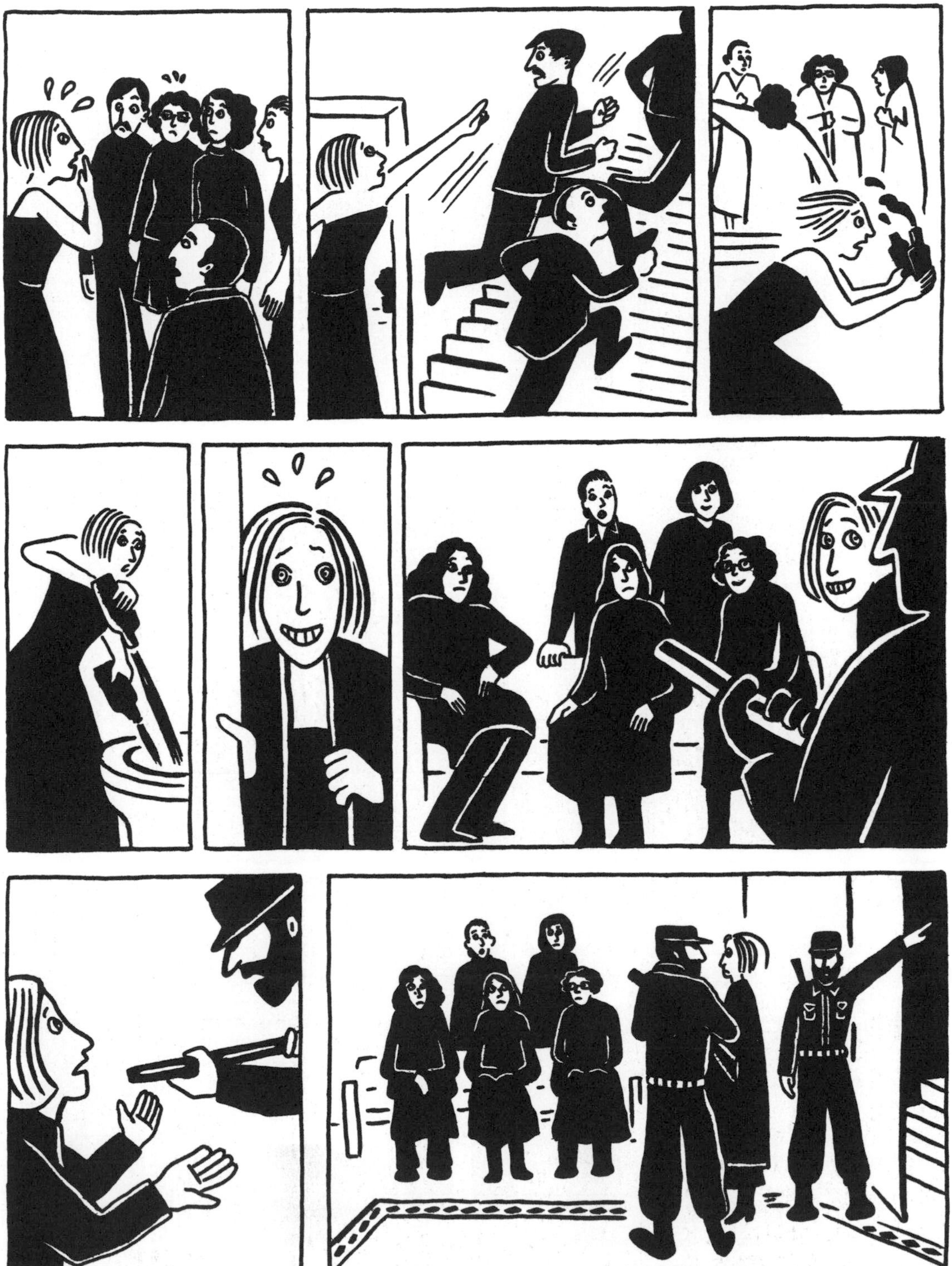

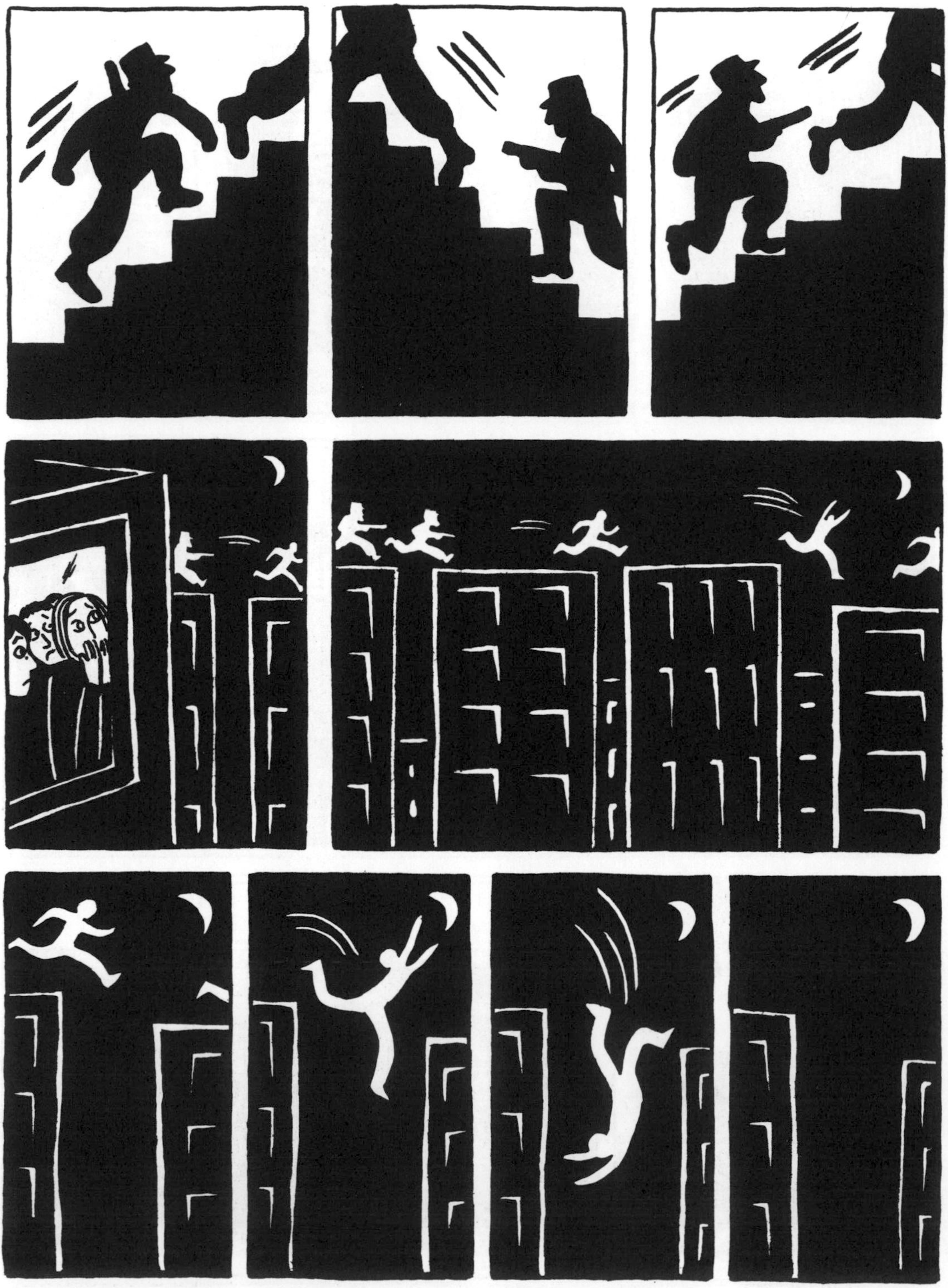

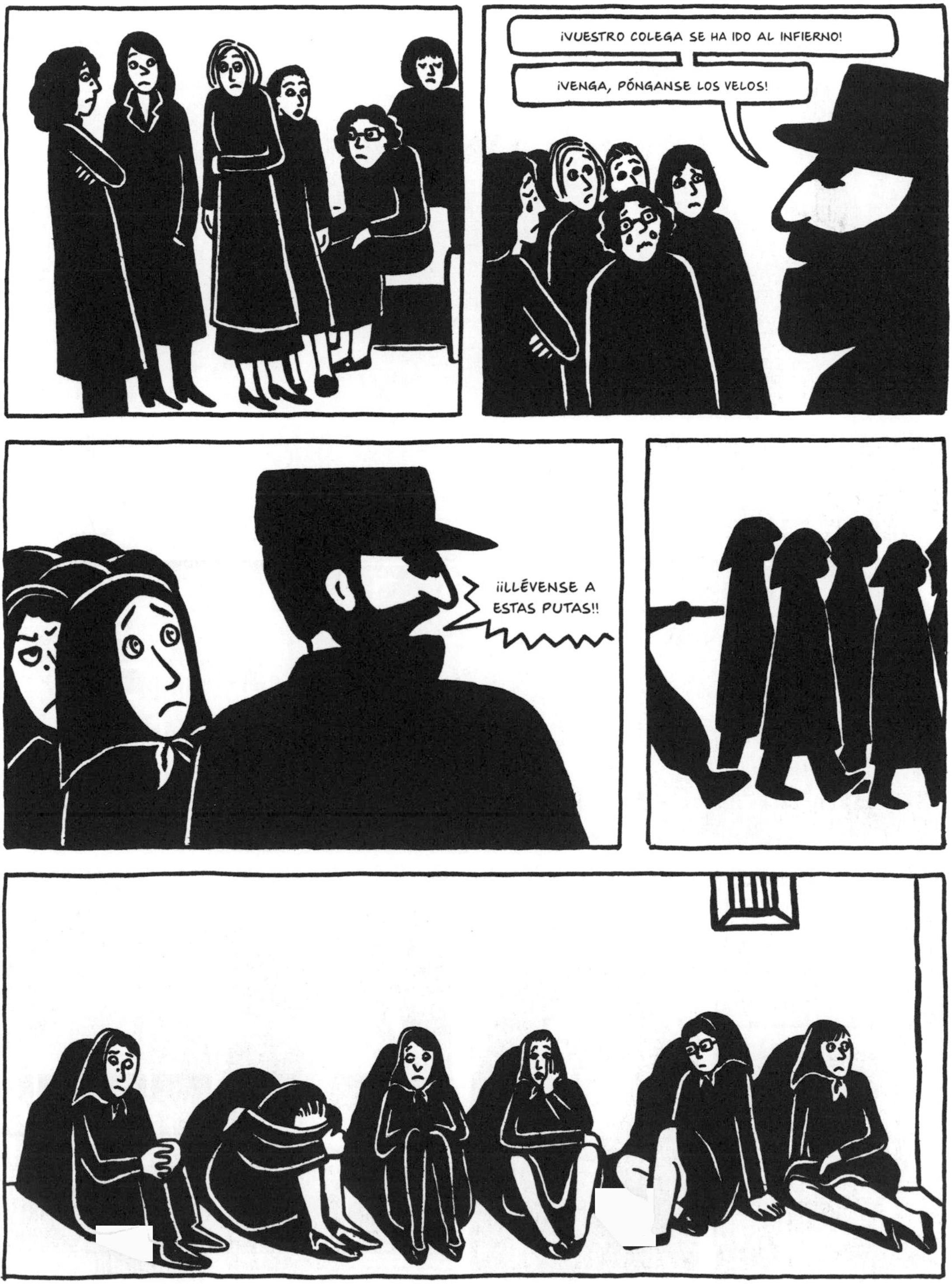
¡VUESTRO COLEGA SE HA IDO AL INFIERNO!
¡VENGA, PÓNGANSE LOS VELOS!
¡¡LLÉVENSE A ESTAS PUTAS!!

PAPÁ, FARZAD ESTÁ...

LO SÉ. HE PASADO MIEDO... A LO MEJOR DEBERÍAS...

PERO NO ACABÓ LA FRASE. A PESAR DEL PELIGRO, MI PADRE SIEMPRE ME DEJABA VIVIR COMO QUERÍA.

AL DÍA SIGUIENTE, NOS ENCONTRAMOS EN MI CASA.

POBRE FARZAD. ERA TAN GUAPO. ¡NO PUEDO CREER QUE ESTÉ MUERTO!

¡PODRÍA MATAR A TODOS LOS BARBUDOS CON MIS PROPIAS MANOS!

NO VENDRÉ MÁS A ESTAS VELADAS. ¡ES DEMASIADO PELIGROSO!

TE EQUIVOCAS. ¡ESO ES EXACTAMENTE LO QUE ELLOS QUIEREN! ¡IMPEDIR QUE VIVAMOS! ¡NADA LES JODE MÁS QUE VERNOS FELICES!

¡ALÍ TIENE RAZÓN!

ESA MISMA NOCHE, ALÍ DIO UNA GRAN FIESTA EN SU CASA.

NUNCA HE BEBIDO TANTO EN MI VIDA.

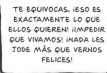

LA BODA

EN 1991, ESTABA EN SEGUNDO DE ARTES GRÁFICAS.

TODO IBA BIEN: LOS ESTUDIOS ME INTERESABAN, QUERÍA A MI NOVIO, ESTABA BIEN RODEADA.

MIS AMIGOS Y YO HABÍAMOS EVOLUCIONADO. HABÍA ATEMPERADO MI VISIÓN OCCIDENTAL DE LA VIDA, Y ELLOS, POR SU PARTE, SE HABÍAN ALEJADO DE LAS TRADICIONES. ADEMÁS, SE HABÍAN FORMADO MUCHAS PAREJAS NO CASADAS.

HAY QUE DECIR QUE ERA DIFÍCIL ESTAR JUNTOS FUERA DEL MATRIMONIO. SI ÍBAMOS DE VIAJE...

SEÑOR, QUEREMOS UNA HABITACIÓN PARA DOS NOCHES.

SU CERTIFICADO DE MATRIMONIO, POR FAVOR.

...SI QUERÍAMOS ALQUILAR UN PISO...

SOY AGENTE INMOBILIARIO. ME INTERESA FIRMAR EL MÁXIMO NÚMERO DE CONTRATOS. VUESTRA SITUACIÓN FAMILIAR ME DA IGUAL, PERO EL PROPIETARIO SE NIEGA. PIENSAN QUE TIENE RAZÓN. TENDRÁ PROBLEMAS CON LAS AUTORIDADES... Y ADEMÁS, DESDE UN PUNTO DE VISTA MORAL, LO QUE HACEN NO ESTÁ BIEN. DEBERÍAN CASARSE.

EN EL FONDO, NI REZA NI YO ESTÁBAMOS LISTOS PARA COMPROMETERNOS. EN DOS AÑOS, SÓLO NOS HABÍAMOS VISTO EN SU CASA O EN LA MÍA (BUENO, QUIERO DECIR EN LAS DE NUESTROS PADRES).

TE QUIERO. ¿QUIERES QUE NOS CASEMOS?

?

¡SÓLO TENGO VEINTIÚN AÑOS! ¡NO HE VISTO NADA! ¡PERO LE QUIERO! ¿CÓMO PUEDO SABER SI ES EL HOMBRE DE MI VIDA SIN VIVIR CON ÉL...?

¿QUÉ DICES?

DAME UN POCO DE TIEMPO.

TÓMATE TODO EL TIEMPO QUE NECESITES.

NECESITABA HABLARLO CON MIS PADRES, PERO MI MADRE ESTABA DE VIAJE EN EL EXTRANJERO.

POR SUERTE, MI PADRE ESTABA EN CASA.

¡PAPÁ! REZA ME HA PEDIDO EN MATRIMONIO. NO SÉ QUÉ HACER.

SÓLO TÚ PUEDES SABERLO. ADEMÁS, SI QUIERES CONOCERLE TIENES QUE VIVIR CON ÉL, Y PARA ESO HAY QUE CASARSE.

SIEMPRE QUEDA EL DIVORCIO.

DESDE LUEGO.

UNOS DÍAS MÁS TARDE YA HABÍA TOMADO UNA DECISIÓN: ME CASARÍA. SE LO ANUNCIÉ A MI PADRE. NOS INVITÓ, A REZA Y A MÍ, A UN RESTAURANTE PARA HABLARLO.

¡BIENVENIDOS!

DESPUÉS DE CENAR.

COMO TU FUTURO SUEGRO, ME TOMO LA LICENCIA DE PEDIRTE TRES COSAS.

PRIMO: SEGURAMENTE SABES QUE EN ESTE PAÍS "EL DERECHO AL DIVORCIO" PARA UNA MUJER ES FACULTATIVO. SÓLO LO TIENE SI SU MARIDO AUTORIZA ESA OPCIÓN EN LA FIRMA DEL ACTA DE MATRIMONIO. MI HIJA DEBE TENER ESE DERECHO.

SECUNDO: MI ESPOSA Y YO HEMOS EDUCADO A NUESTRA HIJA CON MUCHA LIBERTAD. SI SE QUEDA TODA LA VIDA EN IRÁN, SE MARCHITARÁ. ASÍ QUE OS PIDO A LOS DOS QUE, EN CUANTO OBTENGÁIS EL DIPLOMA, CONTINUÉIS VUESTROS ESTUDIOS EN EUROPA. TENDRÉIS MI APOYO ECONÓMICO.

TERTIO: VIVID JUNTOS TODO EL TIEMPO QUE OS SINTÁIS VERDADERAMENTE FELICES. LA VIDA ES DEMASIADO CORTA PARA VIVIRLA MAL.

¡CAMARERO, LA CUENTA POR FAVOR!

SÍ, SEÑOR.

MUCHO DESPUÉS, MI PADRE ME CONFESÓ QUE SIEMPRE SUPO QUE ME DIVORCIARÍA. QUERÍA QUE ME DIERA CUENTA YO SOLA QUE REZA Y YO NO ESTÁBAMOS HECHOS EL UNO PARA EL OTRO. TENÍA RAZÓN.

DESPUÉS LLAMÉ A MI MADRE A CASA DE MI TÍA, EN VANCOUVER.

¡HOLA MAMÁ! ¿QUÉ TAL?

¡AHORA QUE TE HE OIGO, MUCHO MEJOR!

MAMÁ, TENGO UNA GRAN NOTICIA QUE DARTE... AHÍ VA: ¡VOY A CASARME!

¿TE CASAS? ¿¿PERO CON QUIÉN?

¿BUENO, TÚ QUÉ CREES? ¡CON REZA, CLARO!

¡PERO AÚN ERES DEMASIADO JOVEN! ¡ESCUCHA! ESPERA A QUE VUELVA. ESTARÉ AHÍ DENTRO DE TRES SEMANAS. YA HABLAREMOS.

¿QUÉ TAL?

BUENO, NO ESTÁ DE ACUERDO.

YA ME LO ESPERABA... NO PASA NADA. HABLARÉ CON ELLA. NO TE PREOCUPES.

NUNCA SUPE QUÉ SE DIJERON, SIN EMBARGO CUANDO MI MADRE VOLVIÓ A TEHERÁN...

AH, CARIÑO, YO ME OCUPO DE TODO. LA CEREMONIA TIENE QUE ESTAR A TU ALTURA.

A PARTIR DEL DÍA SIGUIENTE...

¿QUÉ TE PARECE?

EH... EL VESTIDO ES BONITO, PERO NO PUEDO PONERME ALGO ASÍ.

DESPUÉS ME LLEVÓ A UN SITIO FAMOSO POR SUS "PEINADOS DE NOVIA", PARA IR PROBANDO.

¿TE GUSTA, PEQUEÑA?

...

FUI SOMETIDA A DECENAS DE EXPERIMENTOS DE TODO TIPO: MAQUILLAJE, RAMOS DE FLORES PARA LA MANO, ZAPATOS...

YA SÉ QUE QUERÉIS HACERLO LO MEJOR POSIBLE, PERO ODIO LOS VESTIDOS DE NOVIA, LOS PEINADOS DE MODA Y TODO LO DEMÁS... ¿NO PODRÍAMOS HACER UNA FIESTA MÁS MODESTA...?

ESCUCHA. SÓLO TENEMOS UNA HIJA: ¡TÚ! PUEDE QUE ÉSTA SEA TU ÚNICA BODA. PUEDES VESTIRTE Y PEINARTE COMO QUIERAS, PERO DÉJANOS AL MENOS FESTEJAR ESTA OCASIÓN A NUESTRA MANERA.

CEDÍ Y MIS PADRES LO APROVECHARON PARA INVITAR A CUATROCIENTAS PERSONAS, DOS ORQUESTAS, EQUIPO DE VÍDEO, FLORES...

¡HA LLEGADO LA NOVIA!

¡QUERIDA!

PRIMERO PASAMOS ANTE EL MULLAH.

SEÑOR REZA... QUIERE USTED TOMAR A LA SEÑORITA MARJANE...
SEÑORITA MARJANE... QUIERE USTED TOMAR AL SEÑOR REZA...

¡SÍ!

¡SÍ!

DESPUÉS, LLEGÓ EL TURNO DEL FOLKLORE. LA TRADICIÓN MANDA QUE UNA MUJER SATISFECHA CON SU VIDA FROTE DOS PANES DE AZÚCAR SOBRE NUESTRAS CABEZAS PARA TRANSMITIRNOS SU ALEGRÍA Y PROSPERIDAD.

LA TRADICIÓN MANDA TAMBIÉN QUE METAMOS LOS DEDOS EN MIEL...

...Y QUE NOS LOS CHUPEMOS MUTUAMENTE PARA EMPEZAR NUESTRA VIDA DE PAREJA CON DULZURA.

DESPUÉS LLEGARON LOS REGALOS.

¡TOMAD, ES PARA VOSOTROS!

¡MAMÁ!

ENTONCES, ¿PARA CUÁNDO LOS NIÑOS?

PRONTO.

¡ESTÁS RADIANTE!

¡MUCHAS GRACIAS!

¿ES USTED LA NOVIA?

¡JI, JI, JI! ¡NO! ¡ES ELLA!

?

MAMÁ, ¿ESTÁS AHÍ?

¡NO!

¿HAS LLORADO?

NO.

BASTÓ QUE LE PUSIERA LA MANO EN EL HOMBRO PARA QUE EMPEZARA.

SIEMPRE HE QUERIDO QUE TE HICIERAS INDEPENDIENTE, EDUCA-DA, CULTIVADA... Y RESULTA QUE TE CASAS A LOS VEINTIÚN AÑOS. QUIERO QUE TE VAYAS DE IRÁN, QUE SEAS LIBRE Y EMANCIPADA..

¡MAMAÍTA! CONFÍA EN MÍ. SÉ LO QUE ME HAGO.

EL RESTO DE LA VELADA PASÓ ENTRE SONRISAS Y LÁGRIMAS, PERO SOBRE TODO CON MUCHO CANSANCIO. POR FIN, A LAS DOS DE LA MAÑANA.

¡HASTA LUEGO!

¡SED FELICES!

¡BUENA SUERTE!

LLEGAMOS A NUESTRA CASA...

...CUANDO SE CERRÓ LA PUERTA DEL PISO TUVE UNA EXTRAÑA SENSACIÓN.

...¡YA ME ARREPENTÍA! DE GOLPE ME HABÍA CONVERTIDO EN "UNA MUJER CASADA". HABÍA SEGUIDO EL ESQUEMA SOCIAL CUANDO SIEMPRE ME HABÍA QUERIDO MANTENER AL MARGEN. SEGÚN MIS IDEAS, "UNA MUJER CASADA" NO ERA COMO YO. ESO REQUERÍA MUCHO COMPROMISO. NO PODÍA ACEPTARLO, PERO ERA DEMASIADO TARDE.

A PESAR DE TODO, LO INTENTABA. PERO MI CRISIS EXISTENCIAL Y DE IDENTIDAD SÓLO ERA PARTE DEL PROBLEMA. LA OTRA PARTE ERA REZA.

¡ME GUSTARÍA PONER ESTE CUADRO AHÍ!

¡NO, MEJOR AHÍ!

VOY A COMER CON MIS PADRES. ¿NO VIENES?

NO, NO ME APETECE.

¿NO QUIERES VENIR AL ANIVERSARIO DE KIANA?

NO.

VOLVERÉ TARDE.

COMO QUIERAS.

RECAPITULANDO, ME DOY CUENTA DE QUE SIEMPRE SUPE QUE NO FUNCIONARÍA. PERO DESPUÉS DE MI TRISTE HISTORIA DE AMOR EN VIENA, NECESITABA VOLVER A CREER EN ALGUIEN...

...LO NECESITABA TANTO QUE LE MENTÍA CONSTANTEMENTE.

ME ENCANTAN LAS MUJERES CON VESTIDO.

¡JUSTO MI ESTILO!

NO ME GUSTAN LAS CHICAS GROSERAS.

¡AH! ¡YO TAM- BIÉN LAS ODIO!

ME GUSTAN LOS OJOS CLAROS.

ME COMPRABA LENTILLAS AZULES.

BLA BLA BLA BLA BLA BLA BLA BLA BLA BLA BLA BLA

¡ESTOY DE ACUERDO CON TODO LO QUE DICES!

ÉL SE HABÍA CASADO CON...

ELLA →

Y SE HABÍA ENCONTRADO CON...

ELLA →

AL CABO DE UN MES DE CASADOS, DORMÍAMOS EN HABITACIONES SEPARADAS.

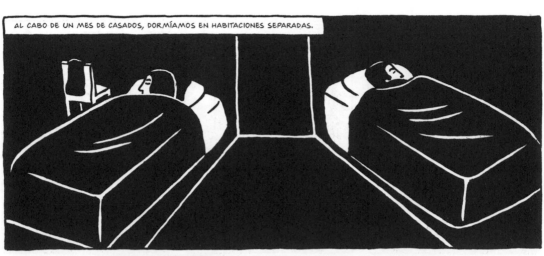

ÉL TENÍA SU VIDA...

¿DÓNDE ESTÁ TU MUJER?

DE VACACIONES, CON SU PRIMA.

...YO, LA MÍA.

¿QUÉ TAL REZA?

BIEN, ESTÁ CON SU HERMANO.

HABÍA TANTA GENTE QUE NOS CONSIDERABA UNA PAREJA MODELO DESDE HACÍA TANTO TIEMPO QUE NO CONSEGUÍAMOS ASIMILAR NUESTRO FRACASO...

...MANTENÍAMOS LAS APARIENCIAS EN PÚBLICO.

¿CERRARÁ ESA BOCAZA?

¡QUÉ IDIOTA!

PERO CUANDO NOS QUEDÁBAMOS SOLOS...

¡NUNCA QUIERES SALIR! SI TENGO QUE IR SOLA A TODAS PARTES, ¿DE QUÉ ME SIRVE QUE VIVAMOS JUNTOS?

¡YO TE DEJO HACER TODO LO QUE QUIERAS! ¡NO SOY EL TÍPICO MACHISTA QUE TE ANDARÍA PIDIENDO CUENTAS! ¡ASÍ QUE DÉJAME EN PAZ!

EN DOS MESES, PASAMOS DE LAS PELEAS CADA DOS SEMANAS A LOS INSULTOS COTIDIANOS.

LA PARABÓLICA

EN 1991, EL AÑO DE MI BODA, IRAK ATACÓ KUWAIT.

¡BIEN HECHO! ¡APOYARON AL CABRÓN DE SADDAM DURANTE OCHO AÑOS CONTRA NOSOTROS! ¡QUE RECOJAN LO QUE SEMBRARON!

¡SADDAM ESTÁ DEMASIADO ARMADO Y LOS KUWAITÍES NO DEJAN DE SOBREPASAR SU CUOTA DE PRODUCCIÓN PETROLÍFERA! ¡QUE SE EXTERMINEN ENTRE ELLOS!

AHORA QUE IRÁN SE HA DECLARADO NEUTRAL EN ESTE ASUNTO, ¡LOS KUWAITÍES PIDEN PERDÓN POR HABER APOYADO A NUESTRO ENEMIGO! ¡PRONTO VENDRÁN A EXILIARSE AQUÍ!

ESO ES LO QUE HICIERON.

LOS EMIGRANTES KUWAITÍES ERAN FÁCILES DE DISTINGUIR. TENÍAN COCHES MUY MODERNOS, AL REVÉS DE LOS IRANÍES, QUE ESTABAN ECONÓMICAMENTE DESTRUIDOS DESPUÉS DE MUCHOS AÑOS DE GUERRA. MI ÚNICO CONTACTO CON ELLOS FUE UN DÍA POR LA CALLE.

HOW MUCH? HOW MUCH?

FUCK YOU! SON OF A BITCH!!

CUANDO LE EXPLIQUÉ ESTA ANÉCDOTA A UN TÍO MÍO QUE CONOCÍA BIEN KUWAIT, ME DIJO: "ALLÍ, COMO EN TODOS LOS PAÍSES ÁRABES, LAS MUJERES ESTÁN TAN PRIVADAS DE DERECHOS QUE PARA UN KUWAITÍ UNA CHICA QUE ANDA POR LA CALLE BEBIENDO UNA COCA-COLA SÓLO PUEDE SER UNA PROSTITUTA."

A PARTE DE ESTOS PEQUEÑOS INCONVENIENTES, NO SENTÍAMOS QUE AQUELLO NOS CONCERNIERA EN ABSOLUTO, AUNQUE SUCEDIERA EN EL GOLFO PÉRSICO, ES DECIR, ¡EN NUESTRA CASA!

MARJI, VEN A VER.

LA GUERRA HA DESATADO EL PÁNICO EN LOS PAÍSES EUROPEOS...

LA GENTE LLENA LOS CARROS. UNA LOCURA EN LOS SUPERMERCADOS OCCIDENTALES...

...VEAMOS ALGUNOS TESTIMONIOS.

¡VIVÍ LA SEGUNDA GUERRA MUNDIAL! ¡FUE HORRIBLE!

¡TENEMOS DOS BEBÉS! ESTAMOS OBLIGADOS A COMPRAR RESERVAS DE LECHE EN POLVO Y PAÑALES.

¡HABRÁ ATENTADOS! ¡RESPONDERÁN! ¡NOS ATACARÁN EN NUESTRO PROPIO TERRITORIO!

¡JA, JA, JA!

¡JA, JA, JA!

ES INCREÍBLE, ¡¡LA GUERRA ESTÁ A 6.000 KILÓMETROS DE SU CASA Y TIENEN MIEDO!! ¡CUALQUIERA DIRÍA QUE NO TIENEN NADA DE QUE PREOCUPARSE Y SE ANGUSTIAN POR CUALQUIER COSA!

¿DE QUÉ OS REÍS?

HEMOS VISTO POR LA TELE A LOS EUROPEOS ASUSTADOS POR LA GUERRA DEL GOLFO Y PAPÁ Y YO PENSÁBAMOS QUE SEGURAMENTE LES FALTAN PROBLEMAS.

¿PERO DESDE CUÁNDO OS FIÁIS DE NUESTROS MEDIOS? SU OBJETIVO CONSISTE EN HACER PROPAGANDA EN CONTRA DE OCCIDENTE.

¡NO TE ENGAÑES, MAMÁ! LOS MEDIOS OCCIDENTALES TAMBIÉN NOS ATACAN. ¡DE AHÍ NUESTRA FAMA DE INTEGRISTAS Y TERRORISTAS!

TIENES RAZÓN. ENTRE EL FANATISMO DE UNO Y EL DESPRECIO DE LOS OTROS, NO HAY DONDE ESCOGER.

PERSONALMENTE, ODIO A SADDAM Y NO TENGO NINGUNA SIMPATÍA POR LOS KUWAITÍES, PERO TAMBIÉN DETESTO EL CINISMO DE LOS ALIADOS QUE SE LLAMAN "LIBERADORES", CUANDO ESTÁN AHÍ POR EL PETRÓLEO.

POR SUPUESTO. ¡SÓLO HAY QUE MIRAR A AFGANISTÁN! ESTUVIERON EN GUERRA DURANTE DIEZ AÑOS. HUBO 900.000 MUERTOS Y AÚN HOY EL PAÍS SIGUE EN EL CAOS...

¡NADIE MOVIÓ NI UN DEDO! ¡PORQUE AFGANISTÁN ES POBRE!

¡¡¡LO PEOR ES QUE LA INTERVENCIÓN EN KUWAIT SE HACE EN NOMBRE DE LOS DERECHOS DEL HOMBRE!!!

¿QUÉ DERECHOS? ¿QUÉ HOMBRES?

EN AQUELLA ÉPOCA, ESTE TIPO DE ANÁLISIS ERA MUY CORRIENTE. DESPUÉS DE NUESTRA PROPIA GUERRA, ESTÁBAMOS CONTENTOS DE QUE ATACARAN IRAK Y DE QUE NO FUÉRAMOS NOSOTROS.

SADDAM ME ROBÓ UNA PIERNA. ESPERO QUE LO MATEN.

EN IRÁN YA NO HAY GUERRA. EL RESTO, ¡ME DA IGUAL!

¡NUESTRA ECONOMÍA IRÁ VIENTO EN POPA!

MI MARIDO FUE UN MÁRTIR DE LA GUERRA. ¡ESPERO QUE SADDAM VAYA AL INFIERNO!

HARÉ MI SERVICIO MILITAR EN TIEMPO DE PAZ.

SUFRO DEL CORAZÓN, ¡¡SUERTE QUE SE HAN ACABADO LAS BOMBAS!!

¡ABAJO SADDAM!

POR FIN PODÍAMOS DORMIR TRANQUILOS, SIN MIEDO A LOS MISILES...

YA NO TENÍAMOS QUE HACER COLAS CON NUESTROS CUPONES DE RACIONAMIENTO...

LEJÍA

ACEITE

AZÚCAR

ARROZ

...EL RESTO, NO IMPORTABA.

ADEMÁS, YA NO HABÍA OPOSICIÓN. LA RESISTENCIA HABÍA SIDO EJECUTADA.

O HABÍA HUIDO DEL PAÍS COMO HABÍA PODIDO.

EL RÉGIMEN TENÍA EL PODER ABSOLUTO...

...Y LA MAYOR PARTE DE LA GENTE, EN BUSCA DE UNA CIERTA FELICIDAD, HABÍA OLVIDADO SU CONCIENCIA POLÍTICA.

YO NO ERA NINGUNA EXCEPCIÓN. APARTE DE LOS MOMENTOS QUE PASABA CON MIS PADRES, VIVÍA AL DÍA SIN HACERME PREGUNTAS. HASTA QUE EN ENERO DE 1992 SUCEDIÓ ALGO IMPORTANTE.

ERA FARIBORZ AL TELÉFONO. ¡ACABA DE INSTALAR UNA ANTENA PARABÓLICA EN SU CASA!

¡VENGA, RÁPIDO! ¡VAMOS PARA ALLÁ!

LA ANTENA PARABÓLICA ERA SINÓNIMO DE APERTURA AL RESTO DEL MUNDO.

AL FIN PODÍAS DESCUBRIR UNA VISIÓN DIFERENTE DE LA QUE DICTABA NUESTRO GOBIERNO.

¡MIRAD A ÉSE! ¡ESTÁ TAN IMPACIENTE QUE NI SIQUIERA SALUDA!

¿DÓNDE ESTÁ LA ANTENA?

¡AHÍ ESTÁ!

NOS PASAMOS TODO EL DÍA EN CASA DE FARIBORZ VIENDO MTV Y EUROSPORT.

AL FINAL DE LA TARDE, SENTÍAMOS QUE TENÍAMOS UNA MENTALIDAD MÁS ABIERTA.

PRONTO, ESTE APARATO DECORABA LOS TECHOS DE TODOS LOS PISOS DEL NORTE DE TEHERÁN.*

EL RÉGIMEN SE DIO CUENTA DE QUE ESTE NUEVO FENÓMENO IBA EN CONTRA DE SU DOCTRINA. ASÍ QUE LOS PROHIBIÓ; PERO ERA DEMASIADO TARDE. LA GENTE QUE HABÍA DISFRUTADO DE OTRAS IMÁGENES QUE LAS DE LOS BARBUDOS SE RESISTIERON ESCONDIENDO LA ANTENA DURANTE EL DÍA.

PARABÓLICA DE NOCHE. PARABÓLICA DE DÍA.

*LOS BARRIOS ELEGANTES.

MIS PADRES TAMBIÉN CONSIGUIERON UNA. A PARTIR DE ENTONCES, ME PASABA DÍAS Y NOCHES ENTEROS MIRANDO LA TELE EN SU CASA.

NO IMPORTABA EL PROGRAMA. SI HABÍA PERSONAS GUAPAS, YA ESTABA CONTENTA. UNA NOCHE...

¡HOLA! ¿SIGUES AHÍ? ¿DÓNDE ESTÁ TU MADRE?

CON SUS AMIGAS.

¡QUÉ CABRÓN! ¡HA VUELTO A SALIR INDEMNE!

ESCUCHA, ¡TENEMOS QUE HABLAR!

¡ESPERA, ESPERA, VAN A DETENERLO!

¡NO! ANTES HABLEMOS.

PERO... ¿¿AHORA QUÉ TE PASA??

ESTA MAÑANA, CUANDO ME HE IDO A TRABAJAR, ESTABAS EN EL SOFÁ, VUELVO 12 HORAS MÁS TARDE Y SIGUES EN EL MISMO SITIO.

¿QUÉ ESTÁ PASANDO? ¿TE DEPRIME TU MATRIMONIO? ¡YA NO TE RECONOZCO! SIEMPRE HAS SIDO CURIOSA, LEÍAS, ¡TE INTERESABA TODO! SIEMPRE HAS IDO ADELANTADA A TU EDAD... Y AHORA...

...AHORA SOY UNA MUJER CASADA. TENGO VEINTIDÓS AÑOS. ¡SOY UNA ADULTA!

CUALQUIERA PUEDE TENER VEINTIDÓS AÑOS Y ESTAR CASADO. ¡¡ESO NO REQUIERE NINGÚN ESFUERZO INTELECTUAL!!... ¡SERÍA MEJOR QUE PENSARAS EN EL DIPLOMA! ¡FALTA MENOS DE UN AÑO!

¿ESO PIENSAS? ¡PUES ME VOY!

MUY BIEN, HASTA LUEGO.

MI PADRE TENÍA RAZÓN. TODO EL MUNDO PODÍA CASARSE. DE HECHO, TODO EL MUNDO LO HACÍA. HABÍA LAS QUE SE CASABAN CON IRANÍES DE AMÉRICA, ESPERANDO CONVERTIRSE ALGÚN DÍA EN ACTRICES DE HOLLYWOOD...

LAS QUE SE CASABAN CON VIEJOS RICOS...

OTRAS MÁS AFORTUNADAS QUE SE CASABAN CON JÓVENES RICOS...

HABÍA AUTÉNTICAS HISTORIAS DE AMOR, COMO LA DE NIOUCHA Y ALÍ...

Y DESPUÉS ESTÁBAMOS REZA Y YO.

EN CUANTO A LAS SOLTERAS, ESPERABAN SU TURNO.

AHORA MISMO, TENGO TRES PRETENDIENTES; UNO ES MÉDICO PERO VIVE EN IRÁN, EL OTRO VIVE EN LOS ÁNGELES PERO ES MUY FEO Y EL TERCERO ES MUY GUAPO PERO ES POBRE.

YO, EN TU LUGAR, ¡ME QUEDARÍA CON LOS TRES!

MI PADRE TENÍA TANTA RAZÓN QUE, AL DÍA SIGUIENTE, FUI A PEDIRLE DISCULPAS.

PAPÁ, ¿AÚN ME HABLAS?

¿TÚ QUÉ CREES?

NO QUERÍA HERIRTE. SÓLO QUERÍA DESPERTARTE.

LO SÉ, PAPÁ. REACCIONÉ VIOLENTAMENTE PORQUE DISTE EN EL BLANCO.

DESPUÉS SE FUE A LA BIBLIOTECA Y VOLVIÓ CON TRES LIBROS.

TOMA, LÉETE ESTO. SON "LOS SECRETOS DE LA CIA", "LA FRANCMASONERÍA EN IRÁN" Y "LOS RECUERDOS DE MOSSADEGH".*

¡QUÉ BIEN! ¡GENIAL!

PARA RECUPERAR EL TIEMPO PERDIDO, ME LOS LEÍ TODOS EN DIEZ DÍAS. EN CONTRA DE LO QUE CREÍA, LOS ENCONTRÉ MUY INTERESANTES.

*PRIMER MINISTRO IRANÍ. NACIONALIZÓ EL PETRÓLEO EN 1951.

MIS NUEVOS INTERESES ME HICIERON RODEARME DE GENTE NUEVA, A MENUDO MUCHO MÁS MAYOR QUE YO. ENTRE ELLAS, UN TAL DR.M, EN CASA DEL CUAL SE REUNÍAN TODOS LOS INTELECTUALES EL PRIMER LUNES DE CADA MES.

EN UN PAÍS COMO EL NUESTRO, CON TANTOS RECURSOS, ¡NO ES NORMAL QUE EL 70% DE LA POBLACIÓN VIVA POR DEBAJO DEL UMBRAL DE LA POBREZA!

SÍ, SI MOSSADEGH HUBIESE PODIDO LLEVAR A CABO SU PROYECTO DE REFORMA, IRÁN AHORA NO ESTARÍA EN ESTA SITUACIÓN.

ES CULPA DE LOS INGLESES Y LOS AMERICANOS. ¡FUERON ELLOS LOS QUE LE DESTITUYERON, AL ORGANIZAR EL GOLPE DE ESTADO DE 1953!

PUEDE SER, PERO, ¿QUÉ HICIMOS NOSOTROS PARA IMPEDÍRSELO? ¡LOS EXTRANJEROS NUNCA HUBIESEN PODIDO CUMPLIR SUS OBJETIVOS SIN LA AYUDA DE LOS TRAIDORES IRANÍES! ¡¡SI QUEREMOS RECONSTRUIR ESTE PAÍS, TENDREMOS QUE EMPEZAR POR ADMITIR NUESTROS PROPIOS ERRORES!!

APOYADA POR MIS PADRES, ANIMADA POR EL DR.M Y SUS AMIGOS Y UN POCO GRACIAS A MÍ MISMA, CAMBIÉ DE VIDA.

UNA VEZ MÁS, LLEGUÉ A LA CONCLUSIÓN DE SIEMPRE: TENÍA QUE INSTRUIRME.

EL FIN

EN JUNIO DE 1993, AL FINAL DE NUESTRO CUARTO AÑO DE CARRERA, EL CATEDRÁTICO DEL DEPARTAMENTO DE COMUNICACIÓN VISUAL NOS CONVOCÓ A REZA Y A MÍ.

SOIS MIS DOS MEJORES ALUMNOS. ASÍ QUE TENGO UN PROYECTO PARA EL DIPLOMA QUE PROPONEROS. CONSISTE EN CREAR UN PARQUE DE ATRACCIONES A PARTIR DE LOS HÉROES DE NUESTRA MITOLOGÍA.

EL TEMA ERA TAN EXTRAORDINARIO QUE OLVIDAMOS NUESTRAS DIFERENCIAS Y ACEPTAMOS TRABAJAR JUNTOS.

NOS PASAMOS TODO EL VERANO EN BIBLIOTECAS...

MUSEOS...

VISITANDO A SABIOS, INVESTIGADORES Y DOCTORES EN CIENCIAS HUMANÍSTICAS.

EN LA MITOLOGÍA GRIEGA LOS HÉROES ESTÁN PREDESTINADOS, ¡PERO EN LA NUESTRA NO EXISTE EL CONCEPTO DE DESTINO!

DESDE JUNIO DE 1993 HASTA ENERO DE 1994, ESTUVIMOS TAN OCUPADOS QUE NO DISCUTIMOS NI UNA SOLA VEZ.

QUERÍAMOS CREAR EL EQUIVALENTE DE DISNEYLANDIA EN TEHERÁN. HABÍAMOS PENSADO EN TODOS LOS DETALLES: RESTAURACIÓN, ALOJAMIENTO, ESPECTÁCULOS...

...ERA APASIONANTE.

TRABAJAMOS A DESTAJO DURANTE SIETE MESES.

POR FIN LLEGÓ EL DÍA DE LA PRESENTACIÓN DE NUESTRO PROYECTO.

ANTES DE QUE LLEGARA EL JURADO, NUESTROS ALLEGADOS PUDIERON APRECIAR NUESTRAS OBRAS DE CERCA.

DR.M, GRACIAS POR VENIR. ES UN GRAN HONOR PARA MÍ.

EL HONOR ES MÍO.

DADO QUE YO ERA MÁS LANZADA QUE REZA, HABÍAMOS DECIDIDO QUE YO DEFENDERÍA NUESTRA MEMORIA.

NUESTRA MITOLOGÍA ES UNA DE LAS MÁS COMPLEJAS DE LA TIERRA, Y NUNCA HEMOS SABIDO EXPLOTARLA POR MIEDO A VULGARIZARLA. MUCHAS COSAS COMO EL SANTO GRIAL, LOS CABALLEROS DE LA MESA REDONDA, ETC. PROVIENEN DE IRÁN. EN NUESTRO PAÍS NO TENEMOS PARQUES DE ATRACCIONES Y LOS MUÑECOS SON AMERICANOS. DE AHÍ PARTE NUESTRA INICIATIVA.

CONSEGUIMOS UN VEINTE SOBRE VEINTE. DESPUÉS DE LA DELIBERACIÓN.

¡MUY BIEN, HIJOS! ¡HA SIDO IMPECABLE! GRACIAS A JÓVENES COMO VOSOTROS, AÚN TENGO ESPERANZA EN EL FUTURO DE IRÁN. DEBERÍAIS PROPONER VUESTRO PROYECTO A LA ALCALDÍA DE TEHERÁN. CONOZCO PERSONAL-MENTE AL TENIENTE DE ALCALDE. PODÉIS LLAMARLE DE MI PARTE.

UNA SEMANA MÁS TARDE.

TENGO CITA CON EL TENIENTE DE ALCALDE.

NO PUEDE PASAR CON UN PAÑUELO. DEBE PONERSE LA COGULLA.

AL DÍA SIGUIENTE.

TENGO CITA CON EL TENIENTE DE ALCALDE.

NO PUEDE ENTRAR. VA MAQUILLADA.

AL DÍA SIGUIENTE.

TENGO CITA CON EL TENIENTE DE ALCALDE.

ES EN EL TERCER PISO. DESPACHO 314.

...ELLA ES GORD AFARID, UNA GUERRERA SIN IGUAL. LA PUNTA DE SU ESPADA SEÑALA EN DIRECCIÓN AL HIPÓDROMO.

DÉJEME VER.

MMM...

LA MITAD DE SUS PERSONAJES SON MUJERES SIN VELO, SENTADAS SOBRE TODO TIPO DE ANIMALES REALES O MÍTICOS. ¡SE PUEDEN DISTINGUIR SUS FORMAS Y SU PELO!

¡LAS CUBRIREMOS!

UNA GORD AFARID CON CHADOR YA NO ES UNA GORD AFARID. ¡LO SABE MEJOR QUE YO!

VOY A SERLE FRANCO: AL GOBIERNO LE IMPORTA UN COMINO LA MITOLOGÍA. LO QUE QUIEREN SON SÍMBOLOS RELIGIOSOS. SU PROYECTO ES REALMENTE INTERESANTE, ¡¡¡PERO IRREALIZABLE!!!

...ENTIENDO...

AL SALIR DE LA ALCALDÍA, HABÍA QUEDADO CON UNA AMIGA DE LA INFANCIA, FARNAZ.

LA ÚNICA COSA QUE A LO MEJOR HABRÍA PODIDO SALVAR MI MATRIMONIO ERA ESTE PROYECTO. AHORA QUE SE HA FASTIDIADO, CREO QUE NOS SEPARAREMOS.

¡NO VEO QUÉ TIENE QUE VER EL PARQUE DE ATRACCIONES CON TU PAREJA!

¡ESTÁ CLARO! DESDE QUE VIVIMOS JUNTOS, ES LA PRIMERA VEZ QUE HEMOS PASADO EL TIEMPO JUNTOS EN LO MISMO. ESTO NOS HA ACERCADO.

¿AÚN LE QUIERES?

NO LO SÉ.

ENTONCES, ESCÚCHAME BIEN. HACE UN AÑO, MI HERMANA DEJÓ A SU MARIDO...

...DESDE QUE TIENE EL CERTIFICADO DE DIVORCIADA, EL CARNICERO...

EL PASTELERO...

EL PANADERO...

EL VENDEDOR DE FRUTAS Y LEGUMBRES...

EL VENDEDOR AMBULANTE DE TABACO...

HASTA LOS MENDIGOS DE LA CALLE LE MANIFESTABAN SUS DESEOS DE ACOSTARSE CON ELLA.

PARA LOS HOMBRES, POR UNA PARTE SU COLA ES IRRESISTIBLE Y POR OTRA, COMO ESTÁS DIVORCIADA, YA NO ERES VIRGEN. ASÍ QUE YA NO TIENES NINGUNA RAZÓN PARA RECHAZARLOS. ¡¡NO LO DUDAN!! ¡NO ES NINGUNA SORPRESA! ¡DESDE QUE NACEN, SU MADRE LOS LLAMA "DOUDOUL TALA".*

ASÍ QUE, A NO SER QUE TU VIDA SEA UN INFIERNO, ¡QUÉDATE CON TU MARIDO! YA SÉ QUE TU FAMILIA ES DE ESPÍRITU LIBRE, ¡PERO TODOS LOS DEMÁS TE JUZGARÁN!

*PAJARITO DE ORO.

ESTA CONVERSACIÓN CON FARNAZ ME INQUIETÓ, PERO NO ESTABA DE ACUERDO CON SUS SUGERENCIAS. NO TARDÉ EN DARME CUENTA DE QUE YA NO QUERÍA A REZA. ¡TENÍA QUE DIVORCIARME! ¡FUI A CASA PARA DECÍRSELO!

¿QUÉ DICEN EN LA ALCALDÍA?

NO QUIEREN NUESTRO PROYECTO.

¡NO TE PREOCUPES! EN DEFINITIVA, ES SÓLO UN PROYECTO. ¡TENDREMOS OTROS!

LO SÉ... TENGO QUE IR A VER A MI ABUELA.

¡MUY BUENA IDEA! ¡ELLA SABRÁ ANIMARTE!

VEINTE MINUTOS MÁS TARDE.

ABUELA...

PERO, ¡¿QUÉ TE PASA?!

¿NO QUIERES SACARTE ESA MALDITA COGULLA? ¡ME DA CLAUSTROFOBIA!

ABUELA, ¡ES TERRIBLE!

¿QUÉ ES TAN TERRIBLE?

CREO QUE YA NO QUIERO A REZA, ME PARECE QUE TENEMOS QUE SEPARARNOS.

¿Y ESO ES LO "TERRIBLE"? ¡DIOS MÍO! ¡ME HAS ASUSTADO! ¡CREÍA QUE ALGUIEN HABÍA MUERTO!

¡YA SABES QUE SUFRO DEL CORAZÓN! ¿TANTAS LÁGRIMAS POR UN DIVORCIO?

¡ESCÚCHAME BIEN! YO LO HICE, HACE 55 AÑOS, Y EN AQUELLA ÉPOCA NADIE ROMPÍA SU MATRIMONIO. ¡¡PERO ME DIJE QUE ERA MEJOR VIVIR MÁS FELIZ SOLA QUE CON UN CAGADO!!

SÍ, PERO...

¡NO HAY PEROS QUE VALGAN! EL PRIMER MATRIMONIO ES UNA PRUEBA PARA EL SEGUNDO. SERÁS MÁS AFORTUNADA LA PRÓXIMA VEZ. ADEMÁS, SI LLORAS ASÍ, ¡QUIZÁ ES QUE AÚN LE QUIERES! NADIE TE OBLIGA A DECÍRSELO AHORA MISMO. TÓMATE TU TIEMPO, REFLEXIONA Y EL DÍA QUE ESTÉS SEGURA, ¡LE DEJAS! ¡¡CUANDO UN DIENTE SE PUDRE, HAY QUE ARRANCARLO!!

SEGUÍ LOS CONSEJOS DE MI ABUELA. ESPERÉ. ENCONTRÉ UN TRABAJO COMO ILUSTRADORA EN UNA REVISTA DE ECONOMÍA.

EN CASA ME ABURRÍA. HE VENIDO A DIBUJAR AQUÍ. ¿OS MOLESTO?

¡CLARO QUE NO!

¡ESTÁS EN TU CASA!

TODO IBA BIEN. LA COMPLICIDAD CON MIS COMPAÑEROS ME HACÍA OLVIDAR EL RESTO.

PERO, DOS MESES MÁS TARDE, EN MARZO DE 1994, UN DIBUJANTE HIZO EL SIGUIENTE DIBUJO PARA UN ARTÍCULO SOBRE EL FÚTBOL IRANÍ.

JALLAD*

\# ASESINO.

AL GOBIERNO NO LE GUSTÓ NADA QUE UN MULLAH FUERA LLAMADO ASESINO. ASÍ QUE ARRESTARON AL DIBUJANTE EN CUESTIÓN.

NADIE SABÍA LO QUE LE HABÍA PASADO Y CADA UNO TENÍA SU TEORÍA.

¡LO HABRÁN COGIDO!

¡LO HABRÁN FUSILADO!

¡LE HAN CORTADO LAS MANOS PARA QUE NO VUELVA A DIBUJAR!

¡LO HAN TORTURADO!

¡ESTÁ VIVO PERO CIEGO!

SEA COMO FUERE, A PARTIR DE ENTONCES SE MIRABAN TODA LA PRENSA CON LUPA.

UNOS DÍAS MÁS TARDE, AL LLEGAR AL DESPACHO...

¡MARJANE! ¡HAN ARRESTADO A BEHZAD!

¿NUESTRO BEHZAD? ¿BEHZAD RADI?

¡SÍ!

LA REVISTA SALIÓ AYER Y HAN IDO A BUSCARLE A SU CASA, ¡A LAS CINCO DE LA MAÑANA DE HOY!

...¡¡¡TODO POR CULPA DE ESTO!!!...

SU DIBUJO ILUSTRABA UN ARTÍCULO SOBRE LOS SISTEMAS DE ALARMAS PARA PROTEGER DE LOS ROBOS A LAS MANSIONES DEL NORTE DE TEHERÁN.

BEHZAD HABÍA COMETIDO EL ERROR DE DIBUJAR UN BARBUDO.

PERO UNOS POCOS PELOS NO ERAN RAZÓN SUFICIENTE PARA CONDENARLE; FUE LIBERADO AL CABO DE DOS SEMANAS. GILA, LA GRAFISTA DE LA REVISTA, Y YO FUIMOS A VISITARLE.

BUENOS DÍAS.

BUENOS DÍAS, ¡PASAD!

BUENO, ¿QUÉ TE PASÓ? ¡CUENTA!

¡NADA! LES EXPLIQUÉ QUE EL DIBUJO ESTABA BASADO EN UN CUENTO EN EL QUE EL AMANTE DE UNA PRINCESA SUBÍA A SU CASA UTILIZANDO EL LARGO PELO DE SU AMADA, Y AL NO PODER DIBUJAR A UNA MUJER SIN VELO, DIBUJÉ UN HOMBRE BARBUDO.

ENTONCES SE PUSIERON A GRITARME QUE INSINUABA QUE LOS BARBUDOS ERAN MARICAS. JURÉ QUE ÉSA NO ERA EN ABSOLUTO MI INTENCIÓN.

ME MOLIERON A PALOS... TENGO MORADOS POR TODO EL CUERPO. EN RESUMEN, LA LIBERTAD DE EXPRESIÓN SE PAGA CARA HOY EN DÍA.

¡DING! ¡DONG!

VOY A ABRIR. DEBE DE SER MI MUJER. AHORA MISMO VUELVO.

BUENOS DÍAS, SOY MANDANA.

MARJANE, ENCANTADA DE CONOCERLA.

Y ÉS- TE ES NIMA.

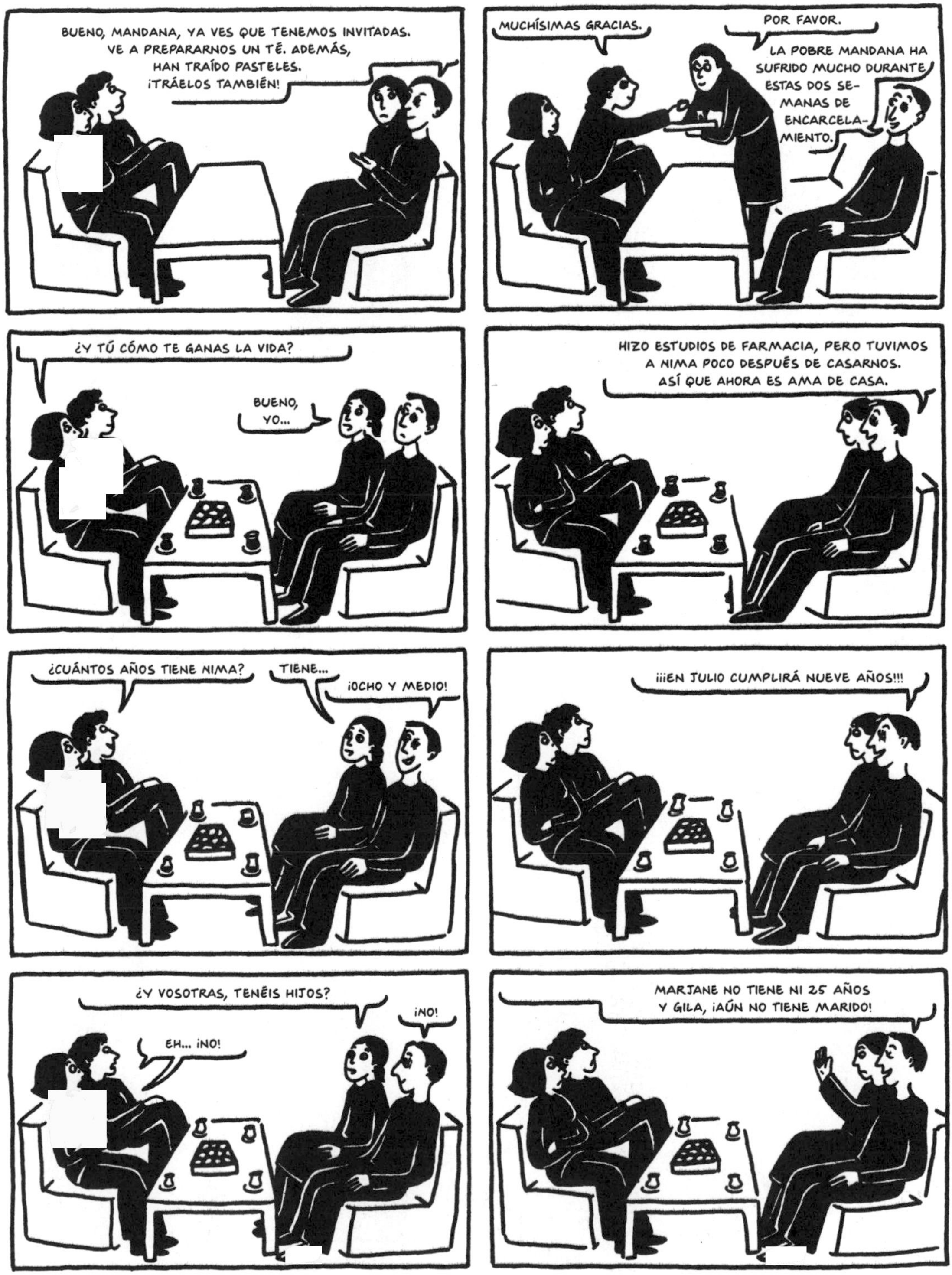

BUENO, MANDANA, YA VES QUE TENEMOS INVITADAS. VE A PREPARARNOS UN TÉ. ADEMÁS, HAN TRAÍDO PASTELES. ¡TRÁELOS TAMBIÉN!
MUCHÍSIMAS GRACIAS.
POR FAVOR.
LA POBRE MANDANA HA SUFRIDO MUCHO DURANTE ESTAS DOS SEMANAS DE ENCARCELAMIENTO.
¿Y TÚ CÓMO TE GANAS LA VIDA?
BUENO, YO...
HIZO ESTUDIOS DE FARMACIA, PERO TUVIMOS A NIMA POCO DESPUÉS DE CASARNOS. ASÍ QUE AHORA ES AMA DE CASA.
¿CUÁNTOS AÑOS TIENE NIMA?
TIENE...
¡OCHO Y MEDIO!
¡¡¡EN JULIO CUMPLIRÁ NUEVE AÑOS!!!
¿Y VOSOTRAS, TENÉIS HIJOS?
¡NO!
EH... ¡NO!
MARJANE NO TIENE NI 25 AÑOS Y GILA, ¡AÚN NO TIENE MARIDO!

DE REGRESO.

¡¡Y PENSAR QUE HA SIDO MI HÉROE DURANTE VEINTE DÍAS!! ¡TANTA CHÁCHARA SOBRE LA LIBERTAD DE EXPRESIÓN, PARA LUEGO NO DEJAR QUE SU MUJER ABRA LA BOCA! ¡AH, LOS HOMBRES IRANÍES!

¡NO DIGAS ESO! NO SON SÓLO LOS HOMBRES IRANÍES, SINO LOS HOMBRES A SECAS. HACE DOS AÑOS SALÍ CON UN DIPLOMÁTICO ESPAÑOL. APARENTEMENTE SE COMPORTABA MEJOR PERO, EN EL FONDO, ERA LO MISMO.

SÓLO QUE AQUÍ, ¡LAS LEYES ESTÁN DE SU PARTE!

SI UN HOMBRE MATA A DIEZ MUJERES EN PRESENCIA DE OTRAS QUINCE, NADIE PUEDE CONDENARLO COMO ASESINO, PORQUE EN UN CASO DE ASESINATO LAS MUJERES ¡NO PODEMOS PRESTAR DECLARACIÓN! ¡ES ÉL EL QUE TIENE DERECHO AL DIVORCIO Y, SI TE LO CONCEDE, SE QUEDA LA CUSTODIA DE LOS HIJOS! OÍ A UN RELIGIOSO JUSTIFICAR ESTA LEY DICIENDO QUE EL HOMBRE ERA LA SEMILLA Y LA MUJER LA TIERRA EN LA QUE PONÍA ESTA SEMILLA, ¡ASÍ QUE ERA NATURAL QUE LOS NIÑOS FUERAN DEL PADRE! ¿¿¿TE DAS CUENTA??? ¡NO PUEDO MÁS! ¡ME VOY A IR DE ESTE PAÍS!

GILA ME DEJÓ EN CASA. MI CUÑADA ESTABA ALLÍ.

BUENAS NOCHES KATAYOUNE, ¿CÓMO VAS?

¡COMO UNA MUJER EMBARAZADA DE OCHO MESES! ME SIENTO PESADA, PERO BUENO, ES CUESTIÓN DE SEMANAS.

BUENO, OS TENGO QUE DEJAR. NO OLVIDÉIS QUE MI HIJO NECESITARÁ UN PRIMO O UNA PRIMA. ¿A QUÉ ESPERÁIS PARA HACER UNO?

TENEMOS QUE HABLAR.

HACE TRES AÑOS QUE ESTAMOS CASADOS Y TRES QUE DORMIMOS SEPARADOS. NO SOMOS UNA PAREJA DE VERDAD...

SIMPLEMENTE, NO SOMOS UNA PAREJA.

SEGUIMOS JUNTOS POR CARIÑO, CLARO, PERO SOBRE TODO POR COSTUMBRE. NO PODEMOS ADMITIR QUE NO ESTAMOS HECHOS EL UNO PARA EL OTRO PORQUE ESO SERÍA COMO ADMITIR NUESTRO FRACASO.

PERO YO SIGO ENAMORADO DE TI.

CUANDO ESTABA ENAMORADA DE TI, TÚ IBAS CON PIES DE PLOMO. AHORA ES DEMASIADO TARDE, REZA. YA NO TE AMO.

VÁMONOS A FRANCIA JUNTOS. ESTA PRESIÓN SOCIAL SEGURO QUE NOS AFECTA.

POR ESO MISMO NOS CASAMOS, PARA EVITAR LA PRESIÓN SOCIAL. ¡NUESTRO AMOR LLEVA MUCHO TIEMPO MUERTO! NO SIRVE DE NADA VOLVER A INTENTARLO. ES UNA PÉRDIDA DE TIEMPO.

NO SÉ CÓMO CONSEGUÍ DECIRLE TODO ESTO DE GOLPE. MI ABUELA TENÍA RAZÓN: ME HABÍA TOMADO MI TIEMPO Y NUNCA ME ARREPENTÍ DE LO QUE HABÍA DICHO.

UNOS DÍAS MÁS TARDE, FUI A VER A MIS PADRES.

¡QUIERO IRME A FRANCIA!

MUY BIEN. NECESITARÉIS UN VISADO, HABÉIS PENSADO EN...

PAPÁ, NO NECESITAREMOS, ME VOY YO SOLA. REZA IRÁ SI QUIERE, ¡PERO VAMOS A DIVORCIARNOS!

¡LO SABÍA!

¿LO SABÍAS Y SIN EMBARGO ME HINCHASTE LA CABEZA DURANTE UNA SEMANA PARA QUE APROBARA LA BODA?

SÍ, PORQUE SI NO LO HUBIERA HECHO, ELLA NUNCA HABRÍA SABIDO QUE LO SUYO NO IBA A FUNCIONAR. NADIE ESCARMIENTA EN CABEZA AJENA.

¡MANIPULADOR!

¿QUÉ MANIPULACIÓN?

NO VOLVERÉ A HABLARTE.

EN FIN, NOS ALEGRAMOS MUCHO DE TU DECISIÓN. NO ESTÁS HECHA PARA VIVIR AQUÍ. A NOSOTROS, LOS IRANÍES, ¡NO SÓLO NOS APLASTA EL GOBIERNO, SINO TAMBIÉN EL PESO DE NUESTRAS TRADICIONES!

LA REVOLUCIÓN NOS HA HECHO RETROCEDER CINCUENTA AÑOS. HARÁN FALTA GENERACIONES ANTES DE QUE TODO ESTO EVOLUCIONE. TÚ SÓLO TIENES UNA VIDA. ES TU DEBER VIVIRLA LO MEJOR QUE PUEDAS. ADEMÁS, AHORA TIENES 24 AÑOS. NO ES COMO CUANDO TE FUISTE A AUSTRIA, YA NO NOS NECESITAS.

ES LO QUE YO TE DECÍA: "NO SUFRAS POR ELLA, NUESTRA HIJA SIEMPRE HA SABIDO SALIR ADELANTE."

ES VERDAD.

¿SUFRÍAS POR MI CULPA?

TENÍA MIEDO DE QUE ARRUINARAS TU VIDA.

YO TAMBIÉN.

...NO HABÍA PODIDO CONSTRUIR NADA EN MI PROPIO PAÍS, ME DISPONÍA A DEJARLO OTRA VEZ. LLEGUÉ A FRANCIA POR PRIMERA VEZ EN JUNIO DEL 94 PARA HACER EL EXAMEN DE ACCESO A ARTES DECORATIVAS EN ESTRASBURGO. ME ADMITIERON. DESPUÉS TUVE QUE VOLVER A IRÁN PARA CAMBIAR MI VISADO DE TURISTA POR UNO DE ESTUDIANTE.

ENTRE JUNIO Y SEPTIEMBRE DE 1994, FECHA DE MI PARTIDA DEFINITIVA, IBA TODAS LAS MAÑANAS A LAS MONTAÑAS DE TEHERÁN PARA MEMORIZAR TODOS LOS RINCONES.

ME FUI DE VIAJE CON MI ABUELA A LA ORILLA DEL MAR CASPIO, DONDE ME LLENÉ LOS PULMONES CON ESE AIRE TAN PARTICULAR. ESE AIRE QUE NO EXISTE EN NINGÚN OTRO LADO.

VISITÉ LA TUMBA DE MI ABUELO Y LE PROMETÍ QUE IBA A ESTAR ORGULLOSO DE MÍ.

TAMBIÉN FUI A LA PARTE TRASERA DE LA PRISIÓN DE EVINE,* DONDE DESCANSA EL CUERPO DE MI TÍO ANOUCHE, EN UN LUGAR INDEFINIDO, JUNTO A OTROS MILES DE CADÁVERES. LE DI MI PALABRA DE MANTENERME SIEMPRE LO MÁS ÍNTEGRA POSIBLE.

*PRISIÓN POLÍTICA DE TEHERÁN.

TAMBIÉN PASÉ MOMENTOS FANTÁSTICOS CON MIS PADRES...

...HASTA EL 9 DE SEPTIEMBRE DE 1994, EL DÍA QUE ME ACOMPA-ÑARON AL AEROPUERTO DE MEHRABAD, JUNTO CON MI ABUELA.

HABÍA DECIDIDO IRME, PERO DE TODAS FORMAS ME SENTÍA MUY TRISTE...

MI PADRE LLORÓ, COMO DE COSTUMBRE...

Y MI MADRE MANTUVO LA COMPOSTURA.

ESTA VEZ TE VAS PARA SIEMPRE. ERES UNA MUJER LIBRE. EL IRÁN DE HOY EN DÍA NO ES PARA TI. ¡TE PROHÍBO QUE VUELVAS!

SÍ, MAMÁ.

LA DESPEDIDA FUE BASTANTE MENOS TRISTE QUE DIEZ AÑOS ATRÁS, CUANDO EMBARQUÉ HACIA AUSTRIA. YA NO HABÍA GUERRA, YA NO ERA UNA NIÑA, MI MADRE NO SE SINTIÓ MAL Y MI ABUELA, AFORTUNADAMENTE, ESTABA ALLÍ...

...AFORTUNADAMENTE, PORQUE DESPUÉS DE AQUELLA TARDE DEL 9 DE SEPTIEMBRE DE 1994, SÓLO VOLVÍ A VERLA UNA VEZ EN EL AÑO NUEVO IRANÍ, EN MARZO DE 1995. MURIÓ EL 4 DE ENERO DE 1996... LA LIBERTAD TENÍA UN PRECIO...

FIN